U0299250

商业🔲银行
数字化转型
——实践与策略——

杨 农 王建平 刘绪光 ◎著

清华大学出版社
北京

内 容 简 介

本书系统梳理和分析了国内外商业银行数字化转型的优秀实践经验，紧扣商业银行数字化发展政策性需求，构筑了指导其数字化转型的基础战略框架，并配套研制了商业银行数字化转型的自评工具，旨在为商业银行寻找大变革时代下的发展方向提供思路，构建适合自身禀赋的经营路径，在高质量发展之路行稳致远。

本书兼顾政策性、理论性、前瞻性和操作性，可作为广大银行业从业人员开展数字转型工作的参考书、案例库和工具箱。

图书在版编目(CIP)数据

商业银行数字化转型：实践与策略 / 杨农，王建平，刘绪光著 . —北京：清华大学出版社，2022.9
　　ISBN 978-7-302-61588-0

　　Ⅰ . ①商…　Ⅱ . ①杨… ②王… ③刘…　Ⅲ . ①数字技术－应用－商业银行－银行管理　Ⅳ . ① F830.33-39

中国版本图书馆 CIP 数据核字 (2022) 第 144646 号

责任编辑：陈　莉
封面设计：周晓亮
版式设计：方加青
责任校对：马遥遥
责任印制：沈　露

出版发行：清华大学出版社
　　　　　网　　　　址：http://www.tup.com.cn，http://www.wqbook.com
　　　　　地　　　　址：北京清华大学学研大厦 A 座　　　邮　　编：100084
　　　　　社 总 机：010-83470000　　　　　邮　　购：010-62786544
　　　　　投稿与读者服务：010-62776969，c-service@tup.tsinghua.edu.cn
　　　　　质 量 反 馈：010-62772015，zhiliang@tup.tsinghua.edu.cn
印 装 者：三河市东方印刷有限公司
经　　销：全国新华书店
开　　本：148mm×210mm　　印　　张：6　　字　　数：134 千字
版　　次：2022 年 10 月第 1 版　　印　　次：2022 年 10 月第 1 次印刷
定　　价：68.00 元

产品编号：096915-01

序

把握数字化转型新趋势 实现银行高质量发展新飞跃

20世纪90年代，伴随着第三次科技革命，特别是信息技术的兴起，互联网浪潮席卷全球并在中国落地生根，不断塑造着中国经济发展的新路径和新模式。2010年以来，各行各业为能在激烈的市场竞争中争取主动，纷纷尝试将信息技术与自身业务密切结合，由此诞生了"互联网+"等新商业模式。正是在此背景下，杨农博士、王建平先生、刘绪光博士将目光投向了如火如荼向前推进的数字化转型，在对自身实践与思考总结的基础上撰写了本书。数字化转型（Digital Transformation）是建立在数字化转换、数字化升级基础上，进一步触及公司核心业务，以商业模式创新为目标的高层次转型。书中不仅仅介绍了数字化转型是什么，更从底层逻辑出发，探讨了数字化转型为什么、做什么和怎么做。

银行业作为数字化转型的探路者，其进程最早可以追溯到20世纪80年代，大体上经历了3个发展阶段。在1980年以前，我国商业银行快速发展，此时仍以物理网点为基础。1980至2007年，可以说是银行数字化转型的1.0时代，主要创新标志是ATM和网上银行等自助式服务的发展；2007至2017年，是银行数字化转型的2.0时代，主要创新标志是移动支付等互联网金融服务的发展，其突出特点是银行服务的移动化和智能化；2017年以来，银行数字化转型进入了3.0时代，主要创新标志是机构摆脱了对网点的依赖，实现了交易数字化、客户全球化、服务无界化和金融场景化。

当前，银行数字化转型已覆盖各类银行业金融机构和银行服务的方方面面。广大金融消费者可以通过数字终端和通信网络，零距离、实时地获得所需要的银行服务。从某种意义上来说，中国的商业银行和银行服务已经深深根植于信息技术和通信网络之中，银行业已经彻底摆脱了传统的手工作业模式，蜕变为全面信息化、网络化和数字化的现代产业部门。

银行数字化转型是商业银行顺应经济社会发展的客观要求，更是通过改革创新提升竞争能力的战略举措，将对我国的金融体系、金融市场和金融生态产生深远影响。

第一，商业银行通过应用数字技术数倍提高了金融服务效率。根据某咨询机构报告，国内四大国有商业银行在前台业务中开展数字化集中操作改造，将120类柜台业务和服务集中处理，通过流程优化和前后台联动实行集约化生产，使立等业务交易时间节省了60%，非立等业务受理时间节省了80%，客户体验大幅改善；信贷业务应用信息技术和信贷工厂模式，审批时效提速90%，信用类贷款审批从30天缩短至1天，担保类业务审批从36天缩短至3天，贷款逾期率下降了60%，不良资产化解能力提升了20%。

第二，商业银行通过金融创新改变了产品服务同质化的困局。以财富管理为例，线下投资顾问服务通常作为高端附加服务业务，

序

一般仅能满足少数高净值客户需求，而中低净值财富管理市场由于缺少差异化投资顾问服务，使服务产品呈现高度同质化现象。依托人工智能等新兴技术，部分商业银行创新了智能投顾产品，尝试降低服务边际成本，探索将投资顾问服务覆盖到更多中低净值群体的方法。

第三，商业银行通过数字化转型提升了普惠金融服务能力。众所周知，中小微客户融资难、融资贵的根本原因是信息不对称和融资主体信用不完善。商业银行运用大数据、区块链等新兴技术，很好地解决了中小微企业信用评估、风险定价和跟踪监控的难题，切实降低了中小微企业的融资成本。与此同时，商业银行应用数字化管理系统，极大地提升了资金运作效率，降低了业务投入成本，将提效降耗带来的技术红利惠及广大客户。

第四，商业银行通过数字化转型为优化市场环境提供了支撑。银行数字化转型的一个显著效果是改变了商业银行各自为战和"数据孤岛"等征信体系痼疾，通过数字化手段创新了金融服务，特别是面向中小微客户的普惠金融服务，使商业银行积累了海量的信用数据资源。通过制度安排，将业务终端收集到的信用信息赋予权威的征信机构，运用大数据技术对底层信息进行加工处理，不断完善全社会的征信数据库。银行数字化转型的另一个显著效果是金融交易活动信息可以被全方位记录和可追溯跟踪，为执法部门打击"洗钱"和金融诈骗等金融犯罪活动提供了技术支持。

在过去十年间，银行数字化转型成效显著，但面对数字经济时代日新月异的技术进步和人们不断增长的美好生活需求，未来数字化转型之路将面临新的趋势。

一是银行数字化转型将有序推进。每个行业的数字化转型都是一个循序渐进的过程，都要遵循其内在的发展规律。商业银行数字化转型不会一蹴而就，更不能推倒重来、另起炉灶，而是稳步有序地变革创新。商业银行应从自身业务发展、现有基础设施条件和专业人才储备出发，在全面评估风险与收益、必要性与可行性等因素的基础上，处理好数字化转型与业务创新之间的关系。与此同时，商业银行在整合资源投入线上业务的同时，也不要对线下业务有所偏废，而应该实现线上与线下业务的融合，并根据银行数字化转型的新要求，实时调整原有"总分支点"的组织形态和部门分工体系，使其更有利于数字化业务的拓展。

二是商业银行与互联网企业将深度融合。传统持牌金融机构与涉足金融服务的互联网企业之间虽然存在竞争关系，但双方深度融合将是大势所趋。一方面，商业银行通过完善IT设施和增加金融科技投入，不断提升金融服务的数字化水平；另一方面，商业银行凭借持牌资质、服务专长、品牌信誉和经营网络等有利条件，与拥有先进技术理念的互联网企业开展深度合作，通过优势互补和资源整合，建立数字化金融服务共同体，提升金融服务的数字化水平，实现各合作方利益的最大化。

三是金融服务数字化生态圈将加速形成。互联网经济强调以客户为中心的开放性特征，商业银行在数字化转型的过程中，通过建设数字化生态圈模式，可以最大限度地提升客户需求体验的满意度。在此背景下，商业银行可以在满足用户的个性化需求中，以数字化金融服务为切入点，将业务延伸到客户需求的应用场景。与此同时，商业银行还可以通过设立新部门、对外投资，以及战略合作等举措，以打造线上数字化金融服务平台为核心，向外拓展至教育、医疗、旅游和娱乐等众多生活场景。

四是金融安全将成为数字化转型的焦点。商业银行掌握着全社会经济主体的日常交易活动，金融数据信息是事关国家经济安全的重要战略资源。长期以来，商业银行对金融信息技术软硬件设施的安全意识存在盲点，比如核心部门的大量技术设备依赖于国外厂商。随着全社会金融安全意识的不断提升，商业银行已将金融信息安全作为数字化转型的关键点。与此同时，国内的软硬件IT企业在关键技术、产品和服务方面快速升级，与世界先进水平的差距在不断缩小，完全能够满足本土商业银行定制化业务的需求。为此，商业银行在数字化转型的过程中，在软硬件信息系统设备采购上，将会更倾向于选择符合金融安全要求的国内IT厂商。

五是数字化金融监管体系将不断完善。在市场需求和技术进步双重因素的推动下，数字化金融业务创新和互联网金融业态将快速发展，若监管体系建设滞后可能会带来监管缺失或监管规则混乱等问题，不利于银行数字化转型的有序推进。可以预见，金融监管部门将与时俱进，顺应银行数字化转型的大趋势，应用现代科技信息手段来促进金融监管体系的改革创新，为商业银行数字化转型提供制度保障和法治环境保障。

本书对上述问题做出了积极的理论思考与实践求索，立足于金融行业服务实体经济、"金融为民"的初心使命，对新时代下商业银行数字化转型的内涵、原理、策略、路径与评估框架进行了系统的调研与剖析，细致刻画了不同类型银行机构在数字化转型不同阶段面临的供需矛盾与不平衡、不充分的问题，相信可以为广大银行从业人员开展数字化转型工作提供实操良策与工具指引。

王力

《银行家》杂志主编

特华博士后科研工作站执行站长

2022年8月

前　言

　　在促进金融服务实体经济和努力实现经济高质量发展的过程中，商业银行需要时刻扮演好政府的银行、企业的银行、居民的银行三类角色，处理好跨业、跨界及跨境竞争与合作三组关系，塑造好 To G（面向政府）、To B（面向企业）、To C（面向个人）三种服务能力。以往，商业银行顺应我国经济全球化、工业化和城镇化的发展趋势，实现了规模经济、资产优化和资本积累。未来，商业银行需要关注实体产业链、供应链和科技创新链，顺应数字经济网络化、产业经济平台化和绿色经济智能化的发展趋势，依托高质量的数字化转型，努力实现金融、科技和实体经济的良好循环。

　　立足新时代、谋划新发展、贯彻新理念，商业银行立于数字化时代的差异化核心能力培育，成于内外部价值链的资源融合与风险管控。面对数字化浪潮，不确定性成为经济、社会发展的常态，商业银行需要坚守"金融为民"使命的初心，大力推进数字化转型增效，提高数字化创新和服务能力，以更加开放的姿态适应、拥抱变化，在银行价值链重构、延展的过程中实现开放合作、优势互补，为经济社会高质量发展提供更好的金融服务，这或许是银行业在数字化浪潮的"不确定性"中最大的"确定"。

　　虽然在方向上已达成了共识，但实践并非易事。正如国内某位银行家所说："跟随客户走入新的生态场景，却发现自己才是陌生人；努力打造数字化经营能力，却发现基础设施的筋脉还不通畅；想要搭上科技变革的快车，却感觉组织进化的速度还跟不上；想让组织更加轻盈，却发现文化的不够开放和包容让我们步履蹒跚。"虽然前景远大，但是道路曲折，在转型方向上的诸多研讨，都需要在躬身实践中予以落地和验证。为帮助商业银行看清在大变革时代下未来的发展方向，构建适合自身能力的成功路径，在高质量发展之路行稳致远，本书系统地梳理和分析了国内外商业银行数字化转型的优秀实践经验，紧扣商业银行数字化发展的政策性需求，构筑了指导其数字化转型的基础战略框架，并配套研制了商业银行数字化转型的自评工具。

全书共分为5章，兼顾政策性、理论性、前瞻性和操作性。第一章以商业银行数字化转型的金融逻辑与科技逻辑开篇，对数字化转型进行界定，阐述其内涵和边界。继而结合咨询公司良好的实践与科学的方法，绘制涵盖"一个战略、五类用户、十大能力、四大支撑"的商业银行数字化转型基础框架，作为全书纲举目张的逻辑统领。第二章聚焦他山之石，比较分析国际同业的优秀数字化实践案例，从战略性、协调性、创新性、开放性及平台化5个方面为读者梳理可供参考、借鉴的转型重点、难点和亮点。第三章回归本土实践，聚焦国内银行的负债、资产和中间业务，构建纵、横、深三维分析体系，分别从零售银行、公司银行和交易银行的业务切入，剖析其在客户获取、产品研发、风险管控、运营提升等价值创造环节的重点工作，研究探讨产业金融、开放金融、生态金融和绿色金融的生态构建。第四章聚焦价值创造，总结提炼商业银行六大数字

前　言

化建设的关键能力，包括数字化客户经营能力、渠道与生态能力、产品创新能力、数字化运营能力、数字化风控能力及数字化合规能力。第五章侧重评估反馈，兼顾实践性与操作性，结合篇首提出的战略框架，对商业银行在实践操作中的对标落地提供指引和评估建议。

想，都是问题；做，才见答案。数字化浪潮带来的变革需要各家银行在实践中顺势而为，行稳致远。希望本书能够成为广大银行业同仁开展数字化转型工作的参考书、案例库和工具箱。如有疏漏和不足之处，敬请批评指正。

念念不忘，必有回响。本书完稿付梓，要特别感谢李伟斌、霍柯利、李根、邬肖玢、陶皓源、王作衡、杨帅、孙爽、张淑芳、王晓锋在编写的过程中给予的帮助与支持。由衷希望本书可以与广大银行业从业人员形成共鸣，若能启发一二，更是幸甚。当然，如有不足之处，请广大读者不吝指正！

作者

2022.5.20

目　录

第一章

纲举目张：数字化转型的 逻辑起点、内涵与框架

在历史上，金融创新背后总有科技变革的助推，金融与科技在互相促进又彼此融合中不断发展。商业银行注重数字化转型，是适应时代发展的重要举措，也是银行业实现高质量发展的内生需求。习近平同志提出数字化转型是世界经济的大势所趋，中国人民银行、中国银行保险监督管理委员会等金融监管部门也高举数字化改革大旗，指导我国金融行业积极融入数字化发展的浪潮之中。本书在充分调研全球商业银行数字化转型的整体情况和发展趋势的基础上，结合理论文献和实践案例，提出商业银行数字化转型的基础框架，聚焦"是什么、做什么和怎么做"，为各类机构提供数字化转型的实施路径指南。

一、数据、数字化与数字化转型的内在逻辑

（一）生产力与生产关系视角下的数字化

数据、数字化、数字化转型等要素和概念在数字时代兴起，彼此联系紧密，数据要素成为区别于传统物的要素和人的要素的新型生产资料，既是生产力的内容和条件，也是生产关系的表现和载体[①]。在数字化的过程中，数据要素参与生产实践，数据生产方、收集方和处理方，运用采集和处理数据的技能与工具，加工要素形态的数据资料，极大地释放了社会生产力，数字化转型则提供了更广谱的生产关系跃升空间。

数字化始于电子，兴于比特，重要基石和底层推手是作为生产要素的数据。党中央、国务院高度重视数据作为国家战略资源的价值，党的十九届四中全会提出"数据生产要素"，2020年政府工作报告提出"培育数据市场"。2020年4月9日，中共中央、国务院印

---

① 刘绪光.数字账户、平台科技与金融基础设施 [M].北京：中国金融出版社，2022.

发《关于构建更加完善的要素市场化配置体制机制的意见》，将培育数据要素市场上升至国家战略高度。"十四五"规划纲要则进一步明确"激活数据要素潜能""以数字化转型整体驱动生产方式、生活方式和治理方式变革"。

（二）数据要素的内涵及特征

数据曾经专指数字，如今文本、声音、图片、视频甚至行动轨迹等先后成为数据，而数据的应用早已超出了统计、计算、科学研究或技术设计等专业领域范畴，深入社会经济、商业活动和人们日常生活的方方面面。如今，学者普遍认可数据是一种电子化记录，进一步在经济金融范畴内，讨论大体围绕这种独特记录的属性和内容两个维度：一方面，数据是现实世界的映射或采编，能够通过电子化方式进行传递和处理，具有一定的主观性和片面性；另一方面，数据是通过观察物体、个人、机构及其事务与环境等对象的产物，描述刻画了蕴含商业价值的各种不确定性。

国内外的专家学者发现，区别于传统的数据信息，大数据技术及数字经济背景下的数据资源，具有一系列新的物理属性和经济特征，包括非稀缺性、非排他性、载体多栖性、价值差异性、用途不可测性等。例如，数据资源的非稀缺性是指数据不同于土地、资本等传统生产要素，也不同于数字经济之前的数据信息，具有相对充裕、可无限复制的特点，并且很多数据信息可借助其他维度的数据推断勾勒，稀缺性约束相对不再刚性。数据使用的非排他性是指数据在使用上同专利技术等智力成果一样，一个数据加工方在使用数据时，不妨碍另一数据加工方同时使用该数据，数据在物理上可以被共享和多次使用。载体的多栖性是指在数据产生过程中，各类用户使用各种数字产品，包括各种网站、App提供的服务及各种终端设备，一个人的数据广泛栖息于网站、App和终端设备等多个载体，具有多栖性。用途难以预测性是指大数据的开发利用不但依赖当前实时发生的数据，还依赖历史数据的积累。数据信息在被收集、加工时，使用方未必能确定这些数据信息未来的具体用途，但仍有积累、收集、加工这些数据的激励。此外，数据信息在被开发利用后，其效果可能远超出原来产生数据信息的用户范围，体现出较强的外部性[①]。

（三）数字化的多视角解读

数字化可以从技术与业务两个视角解读。根据高德纳咨询公司术语定义，Digitization是指将信息转换成数字，便于计算机处理，通常是二进制格式；Digitalization则是由技术引起的行业、组织、市场和分支机构内部变革的组织过程或业务过程。这一过程所形成的商业模式与以往相比具有鲜明特点，即信息透明、速度为王、边界模糊。信息透明源自数据获取的渠道越发多元，专业壁垒正在消失。速度为王表现为各类机构和个人间连接的速度、信息传递与反馈速度、创新应用速度都在迭代优化，而边界模糊最为关键，在传

---

① 刘绪光. 数字账户、平台科技与金融基础设施 [M]. 北京：中国金融出版社，2022.

统物理世界中，基于交易费用划分的企业、组织和市场边界面临破圈和重塑的机遇与挑战。

数字化首先是一个技术概念，同时又是代际概念。从技术上讲，数字化是指把模拟数据转化成由1和0表示的二进制代码。从代际概念理解，数字化是指现实世界与虚拟世界并存且融合的新世界。究其本质特征，一是连接，连接大于拥有；二是共生，现实世界与数字虚拟世界融合；三是当下，过去与未来压缩在当下。对于企业组织而言，数字化是方向和目标，而数字化转型可以理解为基于此目标的进程和结果。数字化是通过采集、存储和应用环节，不断积累以数据为基础的生产资料，形成应用闭环，连接并赋能企业采购、设计、生产、销售等关键流程环节，实现数据要素资产化和价值释放的过程。

综上所述，金融行业数字化的内涵是商业模式的转型、经营理念的转型、组织架构的转型及技术体系的转型：商业模式的转型是要思考如何利用数字化进行可持续的盈利模式设计；经营理念的转型是营销模式、运营模式、风控模式、客服模式和产品创新等转型；组织架构的转型是要改变过去部门墙和以产品为中心的形态，向以客户为中心，大中台、小前台的敏捷组织转型；技术体系转型是梳理当前技术体系，同时配合商业模式，经营理念与组织架构转型的需求，进行适应性转型，而不是为了技术转型而转型。基于此，数据成为与客户、渠道、资本、员工同样重要的生产要素，激发出新的生产工具与生产关系，实现降本增效的生产力提升。

（四）数字化转型赋能生产关系高质量跃迁

国务院发展研究中心在《2018年传统产业数字化转型的模式与路径》中指出，数字化转型就是利用新一代信息技术，构建数据的采集、传输、存储、处理和反馈的闭环，打通不同层级与不同行业间的数据壁垒，提高行业整体的运行效率，构建全新的数字经济体系。

数字化转型开启了生产关系的迭代升级，产业链条持续延展和开放。数字化转型的本质是生产力大发展下专业分工的细化、具体化和普遍化。以金融业为例，当前呈现出产销分离的趋势，即过去由金融机构独立完成的信贷、保险和支付等活动，正逐步演变成为产业链多机构分工合作，如信贷产业链分工细化出资本提供方、信息撮合方、贷后服务方等角色，一些具有流量优势、数据优势或技术优势的金融科技企业承揽大量的宣传、导流与撮合活动，并逐渐成为金融服务供给与需求的交汇中心。数字化转型加速了数字化进程，从而为转变和优化现有商业模式、消费模式、社会经济结构、法律和政策等提供了更广泛的生产关系跃升空间，如规范引导，将对个人、企业、社会和国家都具有一定的积极意义。数字化转型可以理解为个人思想、技术、业务、企业组织、流程架构、文化的整体提升，是运用数字化技术提升生活品质与生产质量的过程。从宏观层面看，推进数字化转型，建设数字中国，目的在于提升全要素生产率、推动经济社会高质量发展、更好地满足人民群众对美好生活的向往和需要，是国家的重要战略。

生产力表征的数字化，目前已经在生产关系层面发挥作用，并逐步渗透至金融领域，一个现象级的焦点就是当下热议的金融科技。在数字化时代，科技与金融的融合更为密切，科技一方面成为金融创新的重要推动因素，信息技术的进步提升了金融行业对金融信息的处理能力与效能；另一方面也相应地对金融机构的风险防控能力和责任提出了更高要求。

数字化是逻辑主线，在生产力层面起决定作用。从生产力决定生产关系的视角看，在科技驱动下，数字化成为人们生产、分配、消费的底层驱动力。在生产力层面，人们的生产资料经历了物质、能量和信息的变迁，生产工具经历了蒸汽机、电气、计算机的演进，聚焦生产对象的数据信息记录与采集(算基)、数据分析与应用(算法)、计算能力与效率(算力)越发成熟，支撑各行各业进行以业务数字化、数据业务化的生产关系跃迁，即数字化转型，成为金融供给侧结构性改革背景下，金融基础设施建设的重要抓手，其中一个潜在方向是资产数字化。在金融科技引领的大数据时代，数据体量逐渐增加，战略意义日益增强，新的金融需求方、供给方、中介方不断涌现，各方的数据意识和治理能力逐步提升，在信息不对称下的资产识别及数字化能力不断增强，运用数据更好地进行产品开发、获客营销、流程优化和风控定价，最终落脚点在于价值实现和增值，与资金资产负债表相当的数据资产负债表应运而生。

新技术的发展和完善不断突破金融基础设施的能力边界，新时代的金融基础设施供给要适应并支持经济数据化的发展趋势。在金融业务数字化的过程中，金融服务的土壤和对象在深度数据化，数字世界对现实经济活动的描述能力越来越精准、迅速。作为金融标的物的企业和个人，因为物联网、传感器、5G等新基建的赋能，信息提取和加工更为便利，分散信息集中化、局域信息公开化、默会信息显性化成为可能，信息不对称和信用不传递在一定程度上得到缓解。这对金融机构产品服务和风险管理能力提出了新要求，对原有金融基础设施的构成、运营和数字化转型提出了新要求，更对高质量的金融监管提出了新期待。当前，大数据、区块链、人工智能等新兴技术已开始显示其在支撑实时监管、协同监管和穿透式监管中的潜力与价值，这也为金融基础设施的完善和丰富提供了有力抓手。

二、数字化转型的金融逻辑与科技逻辑

（一）基于金融视角的转型需求辨析

1. 以转型构建竞争能力

商业银行不仅面对行业内部的激烈竞争，还面临跨业、跨界、跨境的外部竞争，行业的供需地位逐渐转变，原有的盈利模式受到挑战，金融业务的制度边界在技术渗透下不断模糊，金融机构必须主动创新并提升服务能力，才能够吸引客户，维持自身的行业竞争力。在内部竞争方面，银行同业间为改变传统盈利模式下净息差依赖度高、业务同质化严重、创新模式欠缺等问题，竞争日趋激烈。在外部竞争方面，一是面临跨业竞争，主要是来自券商、保险、基金、信托等金融机构的竞争，这些机构持牌运营，各自具备较强的资金实力、客户储备等优势，将在零售金融乃至部分批发金融领域挤占银行的发展空间；二是面临跨界竞争，随着金融科技的日趋成熟及不断创新，金融科技公司、互联网企业等非金融机构也逐渐切入金融服务产业链条，在营销获客、服务体验优化、技术外包等领域发挥重要作用；三是面临跨境竞争，随着海外资本的准入壁垒逐渐打开，金融市场的服务主体和产品应用愈发丰富，银行面临着更多元化的竞争，利润空间进一步被压缩。

2. 以转型重塑客户服务

近年来，随着互联网发展的逐渐成熟及数字技术的应用创新，金融服务越来越多地从线下转移到了线上，客户对金融机构也提出了更高的要求与期望，他们已经不仅仅满足于基本的支付、储蓄和理财，更希望金融服务能够兼具便利性、高效性、低成本和易得性。据中国银行业协会统计[①]，2021年银行业金融机构离柜交易达2219.12亿笔；离柜交易总额达2572.82万亿元，同比增长11.46%；行业平均电子渠道分流率为90.29%。用户获取金融服务的渠道从线下逐渐转移到线上，原有服务渠道的价值受到挑战。零售客户对个性化、场景化、碎片化金融服务的需求，缺少抵押物和可靠财务信息的小微企业客户的贷款需求，产业客户对基于其价值链特点的定制化、一站式的综合金融服务需求，都对银行的服务能力提出了较高的要求。

---

① 中国银行业协会行业发展研究委员会. 2021年中国银行业发展报告[M]. 北京：中国金融出版社，2022.

3. 以转型提升普惠水平

我国金融机构的服务供给相对有限，以及金融机构对高净值客户的偏好，导致了金融服务"供不应求"，"长尾客户"的金融服务需求并未得到很好的关注和满足。一方面，中小微企业和"三农"群体的融资需求难以得到正规金融机构的充分保障，融资难、融资贵的问题长期存在；另一方面，传统投资理财服务的门槛高，普通客户群体的闲置资金缺乏安全可靠、收益合理的投资渠道。推进普惠金融是我国"十三五"规划的一项十分重要的工作任务，"十四五"规划亦明确提出了要提升金融科技水平，增强金融普惠性。政策的重视和要求，以及原有高净值市场已趋于饱和，推动了银行等金融机构在普惠金融业务领域的探索。借助新兴的数字技术，以及自身运行效率的提升，银行等金融机构正在通过服务长尾客群，探索新的业务增长点，提升自身的服务能力和产品覆盖范围。

4. 以转型适应合规要求

近年来，消费金融、产业金融、政务金融等领域的金融创新层出不穷，在提效降本的同时，也带来了非对称监管、数据产权不清和个人隐私泄露等新的问题。众多新兴的金融创新模式在性质研判、责任边界界定、权利变化与厘定等方面都对商业银行的内控合规管理提出了新的要求。面对这些问题，监管部门与时俱进，从机构监管向功能监管、行为监管转变。中国银行保险监督管理委员会和中国人民银行于2020年11月联合发布《网络小额贷款业务管理暂行办法

(征求意见稿)》，在准入门槛、经营行为、禁止清单和监督管理等方面制定规范，从而建立健全监管体系。同样，对于商业银行与金融科技公司的合作，监管部门亦加强了管控。中国银行保险监督管理委员会北京监管局于2019年12月发布了《关于规范银行与金融科技公司合作类业务及互联网保险业务的通知》，明确金融机构要做好对合作方的尽职调查、风险评估、名单管理和持续监测，切实做好风险管控。在2021年中国银行保险监督管理委员会工作会议中，在明确加强对互联网平台金融活动监管的同时，进一步提出加强对银行保险机构与互联网平台合作开展金融活动的监管，银行需做好联动准备，迅速适应监管要求。

（二）基于科技视角的转型目标辨析

1. 开放化：提供无处不在的银行服务

为满足用户对方便快捷、无处不在的金融服务的需求，银行的经营思维必须从"经营客户"向"服务用户"进行转变，提升对用户体验的重视。"客户"与"用户"的区别不仅在需求侧，更重要的是供给侧对服务理念的变革和对服务体系的重塑。越来越多的银行开始从自己的封闭生态中走出去，积极与各平台合作，将自身的产品、服务等嵌入到平台合作方，从而将金融服务融入各方场景，成为"场景背后的银行"，使用户在场景中获得个性化、专业性的金融服务。通过这种方式，银行的服务边界得到进一步拓展，真正实现"无处不在"的服务。在这种趋势下，数字银行将不再是一个场所，而是一种行为。特别是零售银行服务，将更加注重生活场景的渗透，强调用户运营，并不单纯是存款、贷款、汇款等传统金融服务，而将以更加包容和开放的理念提供金融服务。

2. 智能化：赋能个性化金融产品与服务

海量用户数据的累积，以及物联网、人工智能、区块链、云计算等数字技术的成熟及应用，使得数字化时代的银行服务更加智能化。基于历史数据和海量的外部用户行为数据，银行能够刻画更精准的用户画像，使得个性化、定制化的金融服务成为可能，扩大了覆盖的客户范围。在财富管理方面，基于人工智能、大数据实现的智能投顾产品，能够基于用户的数据画像，为其提供个性化、定制化的理财及资产管理咨询服务，极大提升用户体验。在信贷审批方面，大数据风险评估的实现，降低了银行信贷的审批成本，使得信贷服务能够覆盖到小微企业、"三农"领域等过去较难进行风险评估的客群。在金融服务的供给方面，借助大数据、人工智能等数字技术，银行积极开发线上智能客服，并对线下网点进行智能化升级改造。这一系列举措，进一步打破了银行网点的营业时间和人工客服在线时间的限制，实现了真正的"即时服务"。数字技术对银行服务智能化的赋能，不仅使用户能够随时随地获取所需的金融服务，提升个性化体验，也降低了银行的人工服务成本和风险评估成本。

3. 创新化：加大技术研发与人才布局

在数字化时代，信息技术研发能力有望成为银行新的核心竞争力，对技术研发的持续投入及相关专业人才的布局对银行推行数字化转型工作至关重要。从集中式向分布式技术架构的转变需要大量的投入，对银行的研发能力提出了更高的要求，大数据、人工智能等技术催生的智能投顾、智能风控等应用，不仅需要银行掌握相关技术，更重要的是需要将技术与金融产品、服务结合，并应用和融合到银行业务流程中，需要银行对数字技术的"二次研发"。在银行数字化转型的过程中，所需技术及产品的升级迭代离不开专业人才的支撑。技术人员不仅要熟悉银行业务，也要精于互联网、大数据、云计算、人工智能等新兴领域的知识。这一人才需求的转变，对银行的人才吸引力也提出了更高的要求。近年来，商业银行普遍提高了对技术研发投入以及专利申请的重视程度。以六大国有银行为例，2019年共申请专利1286项，其中与金融科技、数字技术最为相关的G06和H04类别专利有1137项。而在金融科技的资金投入上，国有大行2019年的支出均超百亿元，某国有银行2019年在金融科技方面的投入超170亿元。在股份制商业银行中，除ZS银行超过了90亿元外，各银行的投入规模在20亿～50亿元之间，约占收入的2%～3%。从2019年各银行的人才结构可以看出，各银行的科技人员数量均呈现明显的上升趋势。国有大行普遍实现万人的科技人员布局，科技人员的增速在10%～20%，但占全行员工总数的比例仍然较低，平均占比约为4%。而近年来新成立的民营银行在成立初期即大力布局科技人才，2019年末，XW银行的研发人员占比为46%，WS银行的科技人员占比达到52.2%，WZ银行的科技人员占比近六成。

三、商业银行数字化转型指什么

习近平同志在2018年11月召开的二十国集团领导人第十三次峰会上指出，世界经济数字化转型是大势所趋，新的工业革命将深刻重塑人类社会。近年来，信息技术创新日新月异，数字化、网络化、智能化深入发展，在推动经济社会发展、促进国家治理体系和治理能力现代化、满足人民日益增长的美好生活需要等方面发挥着越来越重要的作用。金融业作为现代服务业的典型代表，是实体经济的血脉，其数字化转型有助于提升金融服务实体经济能力，对助力经济高质量发展具有重要的现实意义[①]。

(1) 数字化转型是商业银行服务经济高质量发展的关键举措。党的十九大报告指出，我国经济已由高速增长阶段转向高质量发展阶段。包括商业银行在内的金融体系作为经济社会的重要组成部分，推进其数字化转型正是在经济发展阶段发生转变背景下的关键应对举措。通过积极转变商业银行的发展理念，推进数字化转型实践，有助于持续提升金融服务实体经济能力，服务好经济高质量发展，畅通金融与经济循环机制。

(2) 数字化转型是商业银行深化金融供给侧结构性改革的必然要求。2019年2月，习近平同志在中共中央政治局第十三次集体学习时强调，深化金融供给侧结构性改革，必须贯彻落实新发展理念，强化金融服务功能，找准金融服务重点，以服务实体经济、服务人

[①] 中国互联网金融协会金融科技发展与研究专业委员会、瞭望智库联合调研组. 中国商业银行数字化转型调查研究 [J]. 清华金融评论，2020(04)：69-74.

民生活为本。商业银行是我国金融领域至关重要的组成部分，数字化转型有助于调整优化银行资产负债结构、促进普惠金融发展、防范化解金融风险、激发市场主体活力，是推进金融业供给侧结构性改革的重要举措。

(3) 数字化转型是商业银行提升自身竞争力的关键手段。随着利率市场化改革的深化，传统商业银行利差收益减少，机构和业务下沉明显，同业竞争进一步加剧，互联网金融等新业态、新模式的冲击不断增强①。数字化转型为商业银行降低经营成本、提高营业利润创造了条件，有利于将金融资源高效地配置在经济社会发展的重点领域和薄弱环节，更充分地满足人民群众和实体经济多样化的金融需求，在激烈的市场竞争中形成独特的比较优势。

(4) 数字化转型是商业银行把握新一轮科技创新机遇的内在要求。随着信息化时代进入新的发展阶段，科技驱动力在金融服务中的积极作用不断增强，人工智能、大数据、云计算、区块链等数字技术正在加速突破应用，金融与科技融合程度日益紧密。商业银行推进数字化转型，探索形成更有利于商业银行金融科技应用和发展的体制机制，能够不断提升商业银行服务科技含量和创新水平，更好地适应国家创新驱动发展战略的要求。

在新的发展阶段，商业银行开展数字化转型是建设网络强国、构筑数字化时代竞争新优势的必然要求，也是构建新发展格局、打造高质量发展新引擎的现实需要②。因此我国金融主管部门一直高度重视行业数字化转型，不断建立健全顶层规划。2019年和2022

① 李东荣. 积极有序推进城商行数字化转型　更好地服务地方经济高质量发展 [J]. 金融电子化，2019(05).
② 刘春航. 积极稳妥实施银行业保险业数字化转型战略 [J]. 中国银行业，2021(11).

年，中国人民银行相继发布《金融科技(FinTech)发展规划(2019—2021年)》和《金融科技发展规划(2022—2025年)》，明确我国金融科技发展的指导思想、基本原则、发展目标、重点任务和保障措施，鼓励支持包括商业银行在内的金融机构在依法合规的前提下发展金融科技。2019年，《中国银保监会关于推动银行业和保险业高质量发展的指导意见》中提出坚持科技赋能，转变发展方式，为银行保险机构创新发展提供有力支撑。2022年，《中国银保监会办公厅关于银行业保险业数字化转型的指导意见》中要求银行保险机构大力推进业务经营管理数字化转型，并在机制、方法和行动步骤等方面予以规范和指导。

2020年是银行数字化转型的新起点，金融科技创新与数字化转型进入了一个新的历史发展阶段。进入2020年，突然暴发的新冠肺炎疫情给全球经济带来了严重的冲击，当下疫情尚未完全过去，其带给经济活动供需两端的深刻影响正在持续发酵，全球经济的恢复仍存在不确定性。然而，在疫情下兴起的以数字技术为基础的新产业、新业态、新模式，在一定程度上对冲了经济下行压力，展现出强大的发展韧性。2021年4月，《中国银保监会办公厅关于2021年进一步推动小微企业金融服务高质量发展的通知》中鼓励银行业金融机构充分运用大数据、区块链、人工智能等金融科技，在农业、制造业、批发零售业、物流业等重点领域搭建供应链和产业链金融平台。中国银行保险监督管理委员会主席在参加2020年金融街论坛时表示[①]所有金融机构都要抓紧数字化转型，并在2022年中国银保

---

① 中国人民银行. 中国人民银行党委书记、中国银保监会主席郭树清在2020金融街论坛上的讲话[EB/OL]. 2020[2022-03-16].

监会工作会议上再次提出[①]加快金融业数字化转型，着力推动经济社会高质量发展的要求。

数字化转型是数字时代企业转变发展观念、突破自身发展瓶颈、把握创新机遇、有效应对内外部挑战和提升竞争力的有力举措。德勤认为[②]，数字时代信息技术的进步与移动互联网的迅速普及正深刻改变着人们的社会行为与商业模式，银行业正面临着新的客户预期和需求、行业新进入者两方面带来的巨大挑战，为此银行应当实施数字化战略。周邦瑶等人对咨询公司调研情况进行了总结分析[③]，认为行业竞争加剧、服务成本高企，迫使我国银行业通过数字化转型改善盈利能力。虽然我国银行的数字化程度较低，但市场潜力为数字化转型提供了良好契机。郭为民认为[④]，在经济新常态背景下，传统业务对商业银行的贡献度有所减弱，银行业整体面临着转型压力，以大数据、云计算、人工智能和区块链为核心的金融科技正在重塑金融业态，也为银行业转型提供了破局之策。王炯认为[⑤]，由于客户群体转变、普惠金融需要、跨界竞争压力、自我突破需求和经营环境变化等因素，商业银行迫切需要进行数字化转型。

---

① 中国银行保险监督管理委员会. 银保监会召开 2022 年工作会议 [EB/OL]. 2022[2022-03-16].

② 德勤. 数字时代银行的转型与重塑 [R]. 上海，2016.

③ 周邦瑶，黄绘峰. 银行业数字化转型的国际经验和国内契机分析 [J]. 中国市场，2016(50)：3.

④ 郭为民. 金融科技与未来银行 [J]. 中国金融，2017(17)：3.

⑤ 王炯. 商业银行的数字化转型 [J]. 中国金融，2018(22)：3.

四、商业银行数字化转型需要做什么

综合全球咨询公司的方法论和领先的银行实践，本书提出了商业银行数字化转型的框架，涵盖数字化战略、用户、数字化能力、数字化支撑体系4个方面，具体包括一个战略、五类用户、十大能力和四大支撑体系，如图1-1所示。

图1-1　商业银行数字化转型基础框架

（一）数字化转型的战略和用户

在战略制定方面，商业银行应结合自身资源和能力及约束条件以明确战略的侧重点。例如，需要明确是通过数字化品牌体验以提升客户忠诚度，将营销模式转向沉浸式数字化体验的数字化品牌推广战略；或是通过多触点重塑互动、打造极致客户体验从而增强客户黏性的战略；或是注重生态拓展实现多流量转换的生态拓展战略；或是借助产品创新打造差异化核心竞争力的战略；还是致力于运营效率提升、市场细分的成本优化战略。每一个战略方向对数字化能力的侧重均存在差异。对于商业银行而言，可以利用数字化手段，选取适合自身资源和能力的战略侧重点，建立由数据、技术、机制等组成的数字化支撑体系，实现以数字化客户洞察为核心的全方位数字化业务能力，最终达到各角色用户体验及服务效能的提升。

对销售人员而言，数字化工具需要有力地支撑与辅助其日常业务需求，比如更加精准的营销赋能。因此，对于该类核心角色，数字化应提供"三度"(即速度、温度、尺度)的助力体验。对合作机构而言，为应对开放化、生态化的数字化发展需求，银行应聚焦"三互"(即互赢、互利、互惠)合作体验的打造。对客户而言，更便捷的服务体验为重中之重。为更好地服务客户，银行应坚持以客户为中心的服务理念，具备差异化的产品、服务与体验，同时建立综合解决方案打造能力与多场景的客户服务开放生态，最终让客户拥有"三A"，即随时(Anytime)、随地(Anywhere)、随需(Anything)的数字化服务体验。管理者作为银行中枢，数字化的成功转型意味着可进行"三时"(即全时、实时、随时)的管理决策。对于员工而言，数字化的落地更多地意味着劳动力的释放。通过数字工具，打造具备"三化"(即自动化、移动化、智能化)的作业体验，以达到减负、提速的效能。

（二）数字化转型的能力

1. 数字化客户洞察

随着数字化时代的到来，"以客户为中心"已逐渐成为国内外银行所普遍追求的业务转型战略的重点之一，商业银行各业务条线均面临着客户能力提升的挑战。

（1）零售业务方面：如何更精准地分群以应对"客群经营"为核心的业务发展需求，实现对于基础客户的做大增量与做强存量，解决包括财富客户的高效需求管理体系、私行客户的客户挖潜、信用卡客户的以名品带动获客、零售信贷客户的以产品为主线实行分层营销与客户体验提升，以及长尾客户拓展难度大等问题。为此，商业银行应迈向"客户+用户"并行管理的新时代，构建"客户拓展—客户挖潜—交叉销售—客户挽留"的用户全生命周期的经营体系。

（2）公司业务方面：如何分群客户深化经营、如何提升重点区域、重点行业的经营，以及对实体经济类客户、机构客户、供应链客户及网络金融和支付结算类客户的针对性营销等成为当下公司银行业务的重点议题。此外，交易银行、金融市场、资产托管等各类业务均面临着客户洞察能力提升、客户管理精细化等挑战。如何从不同渠道获取更优质的客户、提供匹配的银行产品与服务、从而提升客户黏性、降低运营风险等已成为商业银行在数字化时代在维持业务规模增速的情况下，进一步优化业务结构、提升质量，从而提升自身品牌影响力和竞争力，而实现这一切的基础则是需要具备数字化客户洞察的能力。

对于数字化客户洞察能力的打造，主要有两大典型实践：客户画像的建立及构建基于客户洞察的智能决策体系。

1) 客户画像

360度客户视图指通过对内外部的客户数据进行收集与处理，利用聚类分析、神经网络、决策树、随机森林等算法，对客户进行标签分析而形成的丰富的客户信息全景视图。该视图包含多样的客户信息，如潜在客户视图、已有客户视图、个人客户视图和企业客户视图等。借助对客户业务信息、特征信息、社会信息及偏好信息等多维度信息的收集与整合，银行可以准确地对目标客户群进行分群，开展差异化的服务推送，从而达到客户体验提升、客户黏性强化、客户价值扩大的效果。

2) 基于客户洞察的智能决策

基于客户洞察的智能决策是"客户围观分群"及"智能决策"的综合应用。客户围观分群是指基于大数据分析而形成多类有效客群，并将分群结果部署在各个应用场景下，从而实现客户及企业价值的双提升的数字应用模式。而智能决策多指企业通过构建智能决策模型，而向各客户渠道输出客户画像结果及优化策略建议的数字应用。

2. 数字化生态

在数字化生态的打造过程中，对于零售银行而言面临着如何基于场景构建、流量引入、数据应用和平台建设而实现生态能力增强、发挥生态效能的挑战；对于公司银行而言，如何实现场景开放、赋能中小企业、抢占市场先机，如何通过与行业的对接实现客户赋能，如何打通核心客户供应链上下游，以及如何共营生态等均是在数字化生态建设上需重点考量的问题。整体而言，银行业数字化生态的挑战及实践可以从数字化渠道构建、生态圈获客及银行能力开放三个方面进行解读。借助数字化手段实现全渠道、全业务、全媒体的全场景服务供给是当前银行业的主流发展趋势。

在数字化渠道的构建上，银行主要采用App建设及渠道建设两种方式。

1）App建设

超级App具备"入口聚合、场景多样、营销导向、总分联动"等多重优势。放眼当下银行业的实践，在超级App建设方面，核心使用者还是大型银行。中小型银行机构出于经济性和实用性的考量，多借助第三方平台实现获客，比如通过微信小程序实现其承担数字化获客及用户服务的目标。

2）渠道建设

智慧服务终端以其"体验化、轻量化、智能化"的特点获得了行业的高度认可。远程柜面作为智慧服务终端的重要形式之一，提供了全渠道接入的全场景服务，是当下诸多机构的共同选择。

银行服务国民经济众多行业和人民生活的诸多方面，应积极运用生态圈的思维，充分发掘自身的隐形资源，通过与其他生态圈的互动与合作，实现多方共赢的格局。为了更好地为客户提供多元化服务，银行或自建或参与生态圈，而这两种方式各有利弊。

自建生态圈存在投入大、收益不确定性等弊端。国内外均存在成功与失败的案例，其主要受限于投资门槛。选择自建生态圈的多为大型银行机构，其中的典型代表是平安集团，其在提供金融服务的同时，通过外部收购及内部孵化，形成了覆盖出行、医疗健康、房产等主要场景的生态圈。自建生态圈有利于银行机构掌握核心技术、业务场景和流量入口，帮助银行成为生态圈的主导者。

相比于需投入较高投资成本的自主构建生态圈模式，目前业内银行机构以参与第三方场景的实践居多。参与外部生态圈可以极大地拓展企业的获客场景，但在加入第三方生态圈获得流量的同时，入口端高额手续费压缩了银行产品的盈利空间，银行机构相较于大型平台会处于低议价能力的弱势地位。

最后，伴随着"开放银行"概念的兴起，银行开始采取通过流量导入实现快速扩展市场份额的模式。目前基于"开放银行"概念的业务模式可分6种类型：电子账户服务切入模式、互联网流量变现模式、商户场景消费贷引入模式、"金融+X超市"模式、联合信贷模式和ABS(Asset Backed Securitization)云平台模式。

电子账户服务模式是指银行通过提供电子账户服务，以嵌入式和平台式的合作方式与广泛的商户合作。通过该种模式，借助银行的信用背书，商户可以有效解决客户的信任问题，增强客户的消费意愿，提高商户的营收水平。互联网流量变现模式是指银行与互联流量平台进行深度合作，由平台负责客户经营，由银行提供理财和贷款等金融服务的模式。该种模式会在平台对自身金融服务场景进行补充的同时，也使银行也获得了流量加持，双方互补优势，实现双赢。在引入商户场景消费贷的模式下，银行与当地商户合作发展商户场景消费贷业务，以多种形式进行商户和用户推广，累计B端商户数量，刺激C端消费，同步搭配电子围栏技术以严控风险。"金融+X超市"模式是指银行通过开放API(Application Programming

Interface)与商户和品牌合作推出"金融+X"的组合产品，将金融服务嵌入客户生活的方方面面，突破时空的限制和边界约束，从客户需求与体验出发打造广泛存在、即时可用的跨界服务。ABS云平台是指银行建设ABS云平台向外输出多个ABS服务能力，结合银行自身优势，实现从ABS的设立、发行到管理的ABS价值链全覆盖与全支持。不同的开放模式所需的能力存在差异，当银行在不同的发展阶段时，可以根据当前业务重点选择不同的"开放银行"模式。

3. 数字化营销

银行业普遍存在欠缺能够向客户推荐个性化、差异化、定制化产品的能力的痛点。在客户端，银行缺乏对客户信息的全面收集和整合能力，例如银行内部的信息及外部的大数据信息等，使得银行难以针对客户特征与偏好进行挖掘与分析，难以根据客户需求精准匹配差异化的产品与服务。在产品服务端，银行也普遍存在缺乏灵活配置产品的能力等问题。

数字化营销能力致力于打造营销活动的数字化闭环。银行通过清洗整合内外部客户信息，构建用户分析模型和智能引擎，打造包括全面用户洞察、智能推送触达、营销规则管控、广告精准投放等功能的智能营销平台。数字化营销主要包括以下关键能力与实践。

1) 数据营销分析

利用大数据平台建立360度客户视图和客户画像，并支持营销分析，比如客户产品营销差异化分析、客群市场营销分析、公众社交舆情分析、多接触点数据分析、客户满意度与客群关系分析等。

2) 智能投顾引擎

在产品工厂增强产品原子化和组件化配置的基础上，建立智能投顾引擎，探索通过人工智能技术改善服务客户需求的精准程度。

3) 营销活动管理

基于营销分析和产品推荐，构造涵盖订、批、控、评全流程的管理功能，支持营销计划的一站式创建和闭环管理，实时掌握活动效益，高效配置营销资源。

4) 数字内容管理

数字化内容管理是线上营销非常重要的功能。如果缺乏数据化内容管理，线上营销活动将难以实现快速投放。数字化内容管理包含营销内容素材库(如海报、大转盘、优惠券等)、内容模板配置、内容的设计、维护、审批、发布、检索等。

5) 营销策略引擎

支持业务人员对于营销活动策略的界面化配置，包含客户生命周期、目标客群、推荐产品、活动权益、营销渠道、活动时间、营销话术、营销流程及规则等的配置，并支持实时的策略调整等。

4. 数字化产品创新

银行产品及服务逐步向多元化、高质量发展。银行在产品数字化方面，最常面临的是产品难以快速上线、产品同质化严重等问题。为实现产品的快速上线且具备市场吸引力，商业银行需要针对不同客群洞察客户需求，加强产品的创新，同时内部协同进行产品组合，以在同质化市场中提供专业化、行业化、定制化的差异化客户服务。这就对商业银行的产品创新能力提出了较高的要求。

为满足客户洞察分析结果快速响应、产品个性化匹配、产品数字化闭环管理等需求，银行积极实践新一代的产品工厂，打造数字化产品的创新能力。新一代的产品工厂具备可支持产品模型扩展、产品规则配置、模型驱动界面自动生成等多样化配置的特点。通过打造产品工厂，银行可以提升产品的上线速度。其具体实践主要包括产品原子化及组装创新、产品多层次精细化定价、产品全生命周期管理三项内容。产品原子化及组装创新是指通过支持产品的分层定义，帮助银行实现从单一产品销售到多样化解决方案的提升。产品多层次精细化定价是指按区域、产品组合等维度，设置差异化定价与营销参数，为产品定价提供有效的工具与规则的功能。产品全生命周期管理是指对产品的设计、上线、升级迭代进行全生命周期管理，以支持产品创新需求的功能。

5. 数字化资管

在数字化趋势下，当前商业银行资管业务面临着诸多挑战，如何为客户提供定制化的理财产品和资产配置，如何建立全面的综合金融服务体系，如何构建好产品容器并抓住结构性变革机遇期进行产品创新，如何把控资管业务风险体系的全面性、全员性及全程性等。

为完成数字化的挑战，当前银行资产管理行业进行了多方实践，并已实现从应用分析模型和信息系统向大数据、云计算和人工智能等新技术赋能的转变。未来金融科技在智能投资领域可能会呈现出两种趋势：一是辅助中小型或互联网金融型公司，为其提供相对标准化、简易化的投资产品；二是通过"线上+线下"结合的方式，满足投资者个性化的投资需求。

值得强调的是，金融科技的快速发展也为业内带来了诸多挑战，而金融科技在银行资管行业中的具体应用主要可以归纳为以下三个方面：一是在人工智能和云计算方面，建立基于人工智能和云计算的智能投研深度学习分析平台。该平台可以帮助银行在阅读研报、主题投资分析、公司财务分析、新词发现等方面得到效率的提升。二是在大数据方面，银行将大数据分析应用于信用风险监控、交易合规、量化投资等领域，以实现对风险与合规的精准把控及投资量化等工作效能的优化升级。三是在区块链方面，银行在区块链技术上的探索实践较上述两者而言较为零散，未形成明朗的趋势。当下的实践领域包括支付转账、金融智能合约、金融审计等方面。

6. 数字化运营

运营管理横贯业务的全过程，是业务顺利推进的重要保障。在数字化建设的冲击下，业务条线纷纷踏上创新求变的前线，这为运营管理工作带来了持续的挑战，如何平安运营、优质服务、最终贡献价值是当下商业银行在运营管理上共同探索的目标。面对账户精细化、全景化管理难度升级，现金需求预测精准度提升，反欺诈等安全防范要求提高，客户服务体验需求加强等挑战，当下商业银行纷纷探寻数字化赋能运营管理的有效路径。

数字化运营管理能力是指利用新技术及搭建系统平台的方式，实现在减少人力成本的同时得到运营效率和精细化程度的提升。银行以数字化的运营产出作为基础，制定客户洞察的整体战略决策，进行渠道、营销、产品及风险等业务的方案制定，实现收入和效益的增长，提升自身价值。

目前数字化运营的典型实践主要有利用RPA(Robotic Process Automation)提升运营效率、构建协同作业平台及打造智能客服三个方面。其中协同作业平台的构建主要围绕资源链接、协同作业支持、管理推动三项重点，实现企业客户、个人客户、集团型客户在集团体系内的全方位协同，推动协同成为集团经营的重要生产力。智能客服是指利用语音交互技术，在线上使用智能机器人为用户提供服务的智能模式。该应用可以帮助银行大幅度节省人工成本并提高整体的服务效率。

7. 数字化风控

风险会随着外部经济形势变化与日俱增，对商业银行而言，对于风险的掌控能力在某种程度上将影响其长足的发展潜能。随着业务的日趋多样化、客群日渐复杂、产品日益丰富，商业银行亟须寻求风险与收益的平衡、控制与效益的平衡、统一性与差异性的平衡，从而健全完善自身的风险管控体系。数字化建设对商业银行风险管控的挑战遍历信用、市场、操作、流动性、国别、合规、声誉、反洗钱等方方面面。

以主要四大风险为例：在信用风险方面，商业银行存在差异化审批授权和动态管理难度大、授信风险预警的前瞻性和有效性不足、押品估值及动态跟踪分析能力待提升等问题；在市场风险方面，存在整体风险管控的前瞻性和精细化程度不足、合规管控、合规风险把控、复杂金融工具估值等工作急需高效工具支撑等问题；在操作风险领域，商业银行需要意识工具的双向加强，强化重点领域操作风险的评估与监测力度，跟踪薄弱环节，压实责任主体以提高全员意识，同步加快业务运营科技化、信息化的建设，实现监管制度流程化，规避因制度理解不到位或恶意操作引起的操作风险；在流动性风险方面，商业银行应建立起符合监管要求的基本体系，涵盖治理结构、策略、方法、监测与控制、流程、报告与信息披露等方面。此外，商业银行应建立集成化、信息化一体的管理系统，以支持流动性风险管理的高效性与全面性。整体而言，数字化的浪潮对商业银行的风险管控带来了诸多挑战，但也带来了数字化风控的新理念、新方法。

数字化风控是指通过大数据分析建模及机器学习技术，以识别业务中的各类风险的数字化应用，可提供覆盖全流程的智能风险控制能力。其建设内容主要包含底层支持层和业务应用层两个方面。

（1）底层支持层：主要是大数据的建设和管理，行业内较为常见的模式是数据湖—数据集市—模型实验室，依次实现原子数据采集、主题数据分类、数据建模管理等功能。

（2）业务应用层：基于上述风险数据基础，银行充分利用大数据、人工智能、区块链等手段构建黑名单、反洗钱、智能合同、欺诈识别、舞弊识别等风险预警或拦截模型，并将训练的模型内嵌至各个业务环节应用。

8. 数字化合规

由于监管合规要求的更新日益频繁，银行追踪监管合规要求、调整和应对合规过程的成本不断提高。银行提升盈利能力的一个重要方向就是提高合规效率、降低合规成本，这就需要银行具备灵活处理数据的能力。为提高具有灵活性的数据处理能力，银行的实践主要体现在以下三个方面。

1) 数据整合及向量化方面

银行通过整合各业务政策规则，形成监察参考数据库，指导业务合规查询，并为业务合规线上化监测打造基础。当前业务政策规则主要包含合规规则库及业务流程图两部分。

2) 智能合规方面

在文件审阅、法律检索、案件预测、律师画像等流程中，银行探索性地使用人工智能、大数据等技术，对流程进行优化，以提高效率、提升工作准确度、降低人力成本，最终实现合规管理的智能化。

3) 智能稽核方面

银行加大对结构化数据和非结构化数据的获取和整合，并通过数据挖掘、自然语言处理、机器学习等技术的利用，开发并建立各类模型，以打造结构化数据和非结构化数据相结合的风险预测分析能力，实现稽核由揭示风险向预警风险转变，推动稽核关口前移。

9. 数字化财务

在财务方面，当下银行业都在探索智慧财务相关的技术和工具，以实现基础工作的替代，释放更多人力空间至经营分析端。这为财务工作带来了巨大的影响与变化，整体可以总结为以下三个维度。

1) 内环

数字化财务实现财务角色转型，带来了从对经营结果的记录转向更多前瞻性的预测和规划，从基于交易处理转向具有更多附加值的综合分析与决策，从被动式的响应转向实时的动态管理和主动式的发起等变化。

2）中环

赋能业务发展，基于精细化分析与预测，为各个业务管理领域提供决策支持。在战略与市场方面，通过构建客户价值分析、市场和客户细分、行业洞察分析、品牌价值分析、竞争对手分析等工具，帮助银行进行战略及市场的选择。在客户与营销方面，支持客群市场营销分析、事件与营销相关分析、客户产品营销差异化、产品响应、客户满意度与价值、交叉销售等任务。在业务与产品创新上，通过对产品贡献度分析、产品定价等工具的建设，有效支持创新决策。在渠道与销售管理工作上，打造渠道客户回报、渠道价值、渠道资源投入与价值相关性、销售业绩预测、团队效能、激励分析、销售人员脱落等分析支持体系，支持有效的成本控制。在服务与运营方面，提供运营成本分析、投入资源预测、产能分析、服务投入价值、IT财务模型优化等功能。在风险与管控上，银行需设计风险画像、风险图谱、风险预警、风险预算、风险考核等工具。

3）外环

银行基于内部驱动完成智慧财务产品方案的雏形，并在包装后将其投放市场，实现财务侧从成本中心向利润中心的转型，完成财务科技的对外输出。在外环主要涵盖智慧政务、智慧城市、智慧决策等内容。

10. 数字化职场员工

自新冠肺炎疫情发生以来，各行业无接触、线上化、云端化的趋势持续加速，远程服务已经成为疫情防控的客观要求和数字化转型的行业趋势，与此同时，远程办公的重要性也愈发凸显。当前，部分商业银行已经推广远程办公模式，一方面建设完善协同工作系统，另一方面组织开展远程协作培训。可以预见，银行线上化运营的步伐会持续加速，在产品开发、运营管理、文档作业和信息技术支持等方面会更加强调远程模式。

提升自身线上化运营水平分别包括对职场和对员工进行数字化办公升级两个方面的内容。

(1) 数字化职场：通过对办公系统进行全方位升级，实现办公领域的自动化、移动化和智能化，例如办公室内的访客登记、智能闸机、智能门禁、人员管理、智能考勤、智能迎宾、行为轨迹生成等功能的实现。

(2) 数字化员工：提高对数字化员工的管理能力，优化管理的置信度，提升员工效率，支撑客户洞察能力建设中的客户体验、客户满意度等方面。同时，数字化员工管理是对客户服务资源的调配，是对渠道、营销、产品及风险等业务的支撑，是实现收入和效益增长的重要因素之一。

2021年美国元宇宙公司Roblox上市，"元宇宙"话题受到全社会尤其是资本市场的热捧，海内外企业纷纷加速布局元宇宙市场。在这种背景下，它的应用可以为远程办公提供全新的体验。一方面，基于元宇宙概念，商业银行可以建立员工虚拟办公室，为不同地点远程办公的员工提供及时的、无缝的交谈机会。此外，亦可构建元宇宙培训中心，举办新员工入职典礼等活动，增强员工之间的联系，打造和谐的员工文化，同时培训中心也可以作为员工自主学习的虚拟空间，增添培训活动的趣味性。另一方面，商业银行可借助元宇宙推出AI数字员工。AI数字员工可以参与到短视频、直播等活动中，与年轻客户进行品牌对话，引发用户共鸣，从而实现品牌的推广。

（三）数字化转型的支撑体系

1. 数据资产管理

从银行视角来看，数据资产管理的核心是了解数据资产全貌和价值，并配备相应的管理制度及工具作为保障，其主要涵盖以下内容：一是设立数据资产管理的组织与体系，制定数据资产管理制度，盘点数据资产；二是实施数据模型、数据安全、数据标准、元数据、主数据、数据质量管理，支持数据资产服务应用；三是灵活配置数据存储检查策略，进行数据标准、质量、安全等的检查；四是对数据资产价值进行评估，实现数据资产内部共享和运营流通；五是构建自上而下的数据治理体系，实现数据资产的标准统一和质量控制，为银行数字化转型打造坚实基础。

针对数据基础相对薄弱的中小型银行而言，可以将建立科学的数据治理体系作为数据资产管理的切入点，提升自身数据管理能力，同时可在长期规划中考虑布局建设数据治理平台，逐步实现数据管理的系统化和科学化，提升数据治理的效果和效率。

2. 数字化技术与架构

在数字化时代，互联网银行蓬勃发展，业务及产品的不断变化对银行业信息化建设和科技水平的要求越来越高。在业务方面，银行需要思考如何利用数字化科技敏捷地应对业务的变化，如何更好地赋能业务创新和发展，如何实现从传统的以产品为中心向以客户为中心的转变，以服务替代产品，以及如何将服务与场景进行融合，更好地提升客户体验等问题。在科技方面，银行应考量如何利用数字化科技降低系统的耦合性，提升系统的扩展性、可配置性，以及如何利用技术手段解决互联网线上的大流量、高并发的业务场景等方面。纵观业内发展，数字化时代的技术及架构已呈现服务化、中台化、云化、智能化等特点。

1) 未来的架构要敏捷，要有更好的延展性、扩展性

架构应具备能够敏捷应对不断变化的业务需求的特点，特别是需要高效地支持线上业务。因此，在架构设计上应做到更好的延展性，将核心功能要素沉淀下来。在如客户、账户、运营、风控等领域要生成统一的、标准的、可共享复用的服务或者组件，以更好地支持业务的运营和创新，以面向服务、业务中台的架构思维去规划和建设。

2) 数据架构由传统仓库式向数据中台式转变

传统数据仓库存在数据体系不完善、前端数据需求响应迟钝等问题，数据中台凭借其数据资产化、管理运营化、开放服务化等特有优势，在避免数据开发工作烟囱式和重复建设的同时，保障了企业数据需求的响应质量和时效性。

3) 一体化的云架构转型

向一体化的云架构进一步转型，以增加业务弹性、降低IT成本、提高系统的稳定性。同时，配套建设异地双活的数据中心，以

实现前端和关键应用的双活。

4) 数字化技术应用及技术平台

利用金融科技应用最广泛的人工智能、大数据、区块链、物联网等技术，结合实际业务场景和流程，进行数字化技术应用及技术平台设计。

为此，构建一体化、标准化的大数据中台，促使信息互联互通，建设私有云平台，形成资源弹性供给，构建共享技术平台，提升开发效率，降低运维成本已成为业内数字化技术和架构的主流趋势，更是数据驱动银行经营的必然选择。

3. 数字化组织与机制

在数字化建设方面，各个银行经常面临如何平衡日常工作与长期发展之间的矛盾。此时，需要专门的数字化组织，配备数字化专职人员进行数字化研究，牵头数字化的落地与推广，并且设立专门的数字化预算及数字化创新基金，为数字化项目开辟绿色审批通道，激励员工创新。大型银行顺应数字化时代的发展潮流，设立数字化创新部门，建立数字化创新机制，确保公司在数字化方面资金投入充足，IT建设敏捷，为创新机制护航。中小型银行步伐相对滞后，大部分未设立专门的数字化创新组织和机制，信息技术仍以传统的应用建设为主。

业界获取数字化创新能力主要通过数字工厂、科技加速器、科技公司三种典型模式。数字化工厂主要肩负创新需求孵化的工作，将需求概念转化为数字化解决方案。科技加速器负责创新科技的转化，主要体现形式包括校企合作、企企合作、研企合作等方式。科技公司是创新市场化的体现形式，起到IT部门市场化型、金融科技输出型、集团融合型等作用。

在数字化建设时，"双态IT"的IT体系建设非常重要。其中"双态"是指"敏态"与"稳态"。敏态是指IT与业务的深度融合，是业务创新赖以实现的必备要素。在敏态模式下，业务采用"互联网+"的思维模式，对自身业务模式不断探索、优化和总结，在过程中通过不断试错来逐步完善。稳态模式下的业务按照传统的方式经营，具备明确的战略目标及相对成熟的业务流程。

值得强调的是，增设数字化能力中心、数字化建设委员会或是数字化部门，是当前银行业数字化转型中组织增设的成功实践。中小型银行可以依据自身的发展情况，开展组织与机制革新，赋予新增部门数字化相关职责与权力，保障数字化转型的有效落地。同时，聘请外部专家和专业团队承担重点项目的项目管理运营工作，是银行业，特别是中小型公司开展数字化转型试点，推进数字化战略落地的路径之一。

中小银行可投入的数字化资金相对有限，而数字化是一项投入大、周期长的工作，所以对于数字化的投入产出比非常关注。因此，与业务紧密结合，设立有效的数字化绩效考核机制，能够更好地推动数字化战略落地。

4. 数字化团队与文化

在数字化团队方面，银行尤其是中小银行通常面临IT外包占比过重、IT骨干人员占比低、IT薪资待遇低、留人难、招聘难等问题。数字化团队建设是转型非常重要的方面。引入数字化转型人才，搭建数字化转型团队，是银行业数字化战略的重要组成部分。银行应在人力发展通道、薪酬激励、绩效管理等方面进行全面设计。在人才发展通道方面，市场上较为常见的有H型、Y型、I型等通道，专业通道的搭建让技术类人才有了明确的发展路径，银行还应根据自身特色对通道进行差异化设计。在金融科技类人才激励方面，通常仍然由固定薪酬、浮动薪酬构成。浮动薪酬部分视科技在项目过程中起到的作用进行计算与衡量。一些公司也会考虑用长期激励的方式激励核心骨干。在绩效管理上，市场上热度较高的关键成果法(Objectives and Key Results，OKR)是较为流行的科技类人才管理工具。这种方法更侧重于过程性和阶段性管理，但同时也需要考虑其对企业文化、工作模式等企业特性的要求。

　　在数字化文化方面，由于数字化形势倒逼，目前很多公司出现管理层对于数字化高度重视，但员工普遍意识不足的问题。数字化文化影响能力依据思想、行为及驱动的划分方式可以分为数字化战略意识、数字化敏捷机制及数字化创新激励三个维度。银行通过宣讲、培训及相应考核机制培养以客户为中心、以数字化为首的思维，以数据驱动决策的战略意识，从战略层面实现自上而下的文化宣贯。在敏捷方式上，银行通过建立敏捷、灵活的方式促进决策及执行的速度，加快迭代。除此之外，银行通过设立数字化创新奖励基金，数字化创新考核、排名机制、建立跨部门的创新小组等模式，实现对员工创新、合作的鼓励与激励。

第二章

他山之石：国际银行同业的数字化转型实践比较

当前，全球经济增长放缓，监管合规要求趋严，数字银行、互联网金融等不断涌现的新兴业态，与传统银行业形成竞争与合作的发展格局。为应对来自行业内外的多重压力，国际上有代表性的商业银行已着手探索转型之路。本章从战略、组织、人才、技术、业务、生态和运行机制等方面比较分析国际银行同业的数字化转型良好实践。

一、战略方面的关键举措

近年来，国际代表性商业银行普遍表现出较强的数字化转型意识，开启数字化发展实践，从全行战略层面确定了数字化转型的主要内容，涵盖渠道、技术、产品和生态等领域的转型方向和转型目标，如表2-1所示。

表2-1　国际代表性商业银行数字化转型战略

商业银行	数字化转型战略
摩根大通	制定"移动优先、数字万物"(Mobile First, Digital Everything)战略，将提升客户体验作为重要战略方向
高盛	定位"科技公司"(Technology Company)，将科技应用提升到全行战略高度
德意志银行	提出"平台化创新"(Platform Revolution)战略，打造数字化时代的平台银行，推动核心业务数字化、端到端流程再造、数字生态构建
西班牙对外银行	定位为"21世纪数字银行"(The Digital Bank of the 21st Century)，着力推动传统业务数字化转型，优化客户体验，布局金融科技，愿景是成为数字化时代最好的银行
荷兰国际集团	提出"向前思考"(The Think Forward)战略，打造差异化数字客户体验，根据客户需求和偏好，提供新的银行服务，不断提升客户体验
桑坦德银行	制定"游轮和快艇"(Cruise and Yacht)战略，推动传统业务(游轮)数字化转型，并建立独立运营的平台(快艇)推动创新业务发展

商业银行	数字化转型战略
花旗银行	先后提出"移动优先"(Mobile First)、"数字银行"(Digital Bank)等战略，关注客户核心需求，强化自身数字化能力，积极拥抱外部伙伴，最终实现提升资本回报率的战略目标
星展银行	先后提出"带动亚洲思维"(Living, Breathing Asia)、"生活随兴、星展随行"(Live More, Bank Less)、"甘道夫计划"等战略目标，愿景是成为并肩谷歌、亚马逊的一流科技公司，将银行服务化繁为简，为广大客户提供更美好的生活体验

资料来源：中国互联网金融协会金融科技发展与研究专业委员会、瞭望智库联合调研组. 中国商业银行数字化转型调查研究报告[R]. 北京：中国互联网金融协会，2019.

二、组织和人才方面的关键举措

1. 注重科技人才储备

国际代表性商业银行注重科技人才引进与培养，提升科技人员比例。比如，摩根大通约有5万名技术人员，占总员工比例的20%左右，其中约60%的技术人员从事开发和软件工程等技术类工作，约5%的技术人员专门从事与数字技术相关的工作，并持续招聘机器学习、UI设计、API开发等方面的技术人员，不断加强技术人才储备。

2. 注重建设敏捷组织

为加强业务与技术的创新融合，国际代表性商业银行注重打破部门间的壁垒、优化组织结构，抽调技术与业务等不同部门人员成立专项小组，打破项目、服务和业务关系管理等职能的隔阂，实现跨职能、跨部门合作。比如，荷兰国际集团设立跨条线联合作业的敏捷小队，从以服务请求为基础的单职能团队变成以开发基础设施产品和服务为目标的跨职能工程小组。摩根大通打破前台和后台、业务和技术的分界，将业务和技术人员集中在一起工作，协同开发金融科技产品。

3. 注重完善创新激励机制

国际代表性商业银行注重采用加速器、创新小组、创业竞赛等激励措施积极鼓励员工进行金融科技创新，发现和培育有价值的金融科技创新项目，提出创造性的产品和服务方案，如表2-2所示。

表2-2　国际代表性商业银行数字化激励机制

商业银行	实践案例
星展银行	为员工设计体验式学习项目，鼓励员工参与金融科技创新试验；推出孵化器、加速器等项目计划，积极鼓励内部创新
高盛	启动内部创新加速器计划，鼓励员工选择金融科技创新项目，为员工提供资金组建团队，实施创新方案
花旗银行	利用创新实验室、孵化器、风险投资等部门和组织设置，进行创新项目研发管理，最大程度激发团队创新能力
摩根大通	与美国金融服务创新中心共同设立金融解决方案实验室，金融科技公司可通过此平台报名参加金融科技挑战赛，该实验室对挑战赛中表现优异的参与者进行奖励，同时对胜出者提供为期8个月的专业指导
荷兰国际集团	定期举办创新训练营大赛，由高管从所有的参赛团队中选拔出前三名，奖品为6个月银行创新孵化器的项目研发机会
富国银行	设立创业加速器计划，激发内部创新意识，拓展金融服务新思路；通过研发创新技术，提供快捷、便利、安全、智能的银行服务

续表

商业银行	实践案例
大华银行	通过开展研讨会等形式为员工提供创新交流的机会，鼓励员工培育进取思维与数字技能，为员工提出的解决方案提供建议和资金支持
渣打银行	设立金融科技纽带，为与其开展合作的金融科技公司，特别是初创金融科技公司提供业务联系机会
巴克莱银行	与创业孵化公司TechStars合作推出加速器计划，初创企业可通过该平台获得机器学习、财务咨询、抵押贷款等创新项目孵化培训，可以访问巴克莱银行数据，并获得创新商业模式方面的专业指导

资料来源：中国互联网金融协会金融科技发展与研究专业委员会、瞭望智库联合调研组. 中国商业银行数字化转型调查研究报告[R]. 北京：中国互联网金融协会，2019.

三、技术和业务方面的关键举措

1. 优化线上和线下渠道的交互体验

国际代表性商业银行利用人工智能、人脸识别等新一代技术加强自动取款机、触屏、网站、手机银行等设施的改造和功能优化，注重交互设计，提升客户体验和服务质效，如表2-3所示。

表2-3　国际代表性商业银行渠道改造优化情况

商业银行	具体实践
摩根大通	推出声控助手Alexa、AI助理等技术服务，提高全流程业务处理能力和服务体验；优化手机银行触摸登录、账户预览、无纸化注册等功能和服务
西班牙对外银行	引入自动取款机ABIL触控屏、自动取款机Hero虚拟助理，提升用户体验

商业银行	具体实践
花旗银行	通过引入视频沟通和生物识别等技术提高操作效率，提供方便快捷的账户开立、贷款申请、信用卡和银行本票等一站式金融服务
星展银行	在移动数字银行中引入人工智能等技术，提高客户交互体验和感知能力，满足客户在数字化时代多样化的需求
澳大利亚联邦银行	手机银行推出指纹解锁、无卡取现、非接触式支付等功能

资料来源：中国互联网金融协会金融科技发展与研究专业委员会、瞭望智库联合调研组. 中国商业银行数字化转型调查研究报告[R]. 北京：中国互联网金融协会，2019.

2. 加强线上线下渠道应用推广

国际代表性商业银行重视移动端和线上投入建设，通过手机银行、网上银行、直销银行、数字借贷平台等线上方式，实现物理网点与线上服务相结合的全渠道运营，如表2-4所示。

表2-4 国际代表性商业银行线上渠道发展情况

商业银行	代表性实践
荷兰国际集团	推出直销银行ING Direct，为客户提供定制化的移动金融服务；推出投资借贷平台Kabbage，将其业务与该平台相结合，在欧洲推出中小企业贷款服务
星展银行	在印度和印度尼西亚推出无任何分支机构的数字银行，实现无纸化运营，所有商业银行业务全在App线上进行
西班牙对外银行	在美国设立数字银行AZLO，向小企业和自由职业者提供在线银行服务。用户可使用AZLO的Visa借记卡进行交易，还可用AZLO发送电子发票、支票、支付账单及向其他银行账户转账
摩根大通	与线上信贷公司OnDeck合作推出面向小微企业的贷款产品，推出独立的移动线上银行Finn，为客户尤其是年轻人提供24小时在线的活期存款、定期存款、理财等服务

续表

商业银行	代表性实践
汇丰银行	在美国上线数字借贷平台，用户可通过该平台申请最高额度3万美元、期限为2～5年的贷款
高盛	推出在线借贷平台Marcus，基于数字技术为客户提供免手续费、固定利率的银行在线消费、房贷、公司贷等小额贷款服务，以及储蓄、理财、资金管理等账户服务
富国银行	建立客户管理系统，利用大数据技术挖掘交叉顾客的多种需求，进一步拓展对公系列产品的客户覆盖范围
巴黎银行	设立数字银行Hello bank!，为客户提供账户和银行卡、储蓄、借贷等在线产品和服务
摩根士丹利	推出财富管理关键业务平台Next Best Action，使用大数据、人工智能等现代信息技术，针对客户的资产分布、税收情况、投资偏好等，为客户提供定制化投资理财产品

资料来源：中国互联网金融协会金融科技发展与研究专业委员会、瞭望智库联合调研组. 中国商业银行数字化转型调查研究报告[R]. 北京：中国互联网金融协会，2019.

3. 推出个性化、场景化等多元化线上产品和服务

国际代表性商业银行注重将金融服务嵌入衣食住行、医疗教育、养老健康等民生领域，为多层次、多样化的全量客户群体提供更加契合其需求的金融产品和服务，如表2-5所示。

表2-5 国际代表性商业银行数字化产品和服务情况

商业银行	实践情况
摩根大通	推出资产组合管理及投资软件You Invest，用户通过摩根大通手机银行App或者网页端即可获得投资管理服务，旨在吸引从没有投资习惯的人群。此外，推出固定收入转换器Even、子女消费父母分担平台SupportPay、免费智能金融顾问WiseBanyan等

商业银行	实践情况
高盛	推出零售客户结构化票据平台SIMON、企业客户股票回购工具Athena、投资经理量化交易工具Strategy Studio、外汇期货电子交易平台Marquee Trader等应用服务
西班牙对外银行	推出支付管理产品你的账单(Tú Cuentas)，为客户提供管理不同支付手段的在线交易服务；上线Commerce 360，通过大数据技术为中小企业提供交易数据分析。此外，还推出了二维码支付电子钱包DBS PayLah，在线财富管理平台DBS iWealth等
星展银行	推出在校学生储蓄和支付项目POSB Smart Buddy，让学生能够监测自己的财务状况；合作推出在线汽车销售市场，为购车者提供资金预算、贷款评估、购车推荐等定制化服务
澳大利亚联邦银行	针对房地产行业推出联邦银行物业App(CommBank Property)，提供物业查询、个人借贷和还款、地区数据统计等服务
瑞士联合银行	推出智能理财平台Smart Wealth，为客户提供定制化、简单化的理财服务
汇丰银行	在英国推出智能投顾服务My Investment，为用户进行财务状况、投资经验和风险偏好分析，用户可以通过台式计算机、笔记本电脑、平板电脑或手机直接登录和使用智能投顾产品和服务
富国银行	推出手机应用程序Greenhouse，整合银行各种业务，为客户提供信贷、支付、理财以及账户管理等各种在线银行服务

资料来源：中国互联网金融协会金融科技发展与研究专业委员会、瞭望智库联合调研组. 中国商业银行数字化转型调查研究报告[R]. 北京：中国互联网金融协会，2019.

四、生态方面的关键举措

1. 部分国家和地区政府积极引导推动银行跨界合作

欧盟以立法形式强制推行《支付服务指令(第2版)》(Payment

Service Directive 2，PSD2），引领全球开放银行监管。为维护支付安全，促进公平竞争，2013年7月，欧盟委员会发布PSD2提案，成为欧盟国家开放银行立法的基础。2015年11月，欧洲议会和欧盟理事会正式发布PSD2，并于2016年1月12日起正式生效。根据相关要求，欧洲经济区内各国必须将PSD2转化为相关法律。在PSD2中，主要针对信贷机构、支付机构、第三方支付服务提供商等相关支付类机构和企业提出相应规范性要求，核心要求包括将新兴第三方支付纳入监管体系，制定支付账户开放规则，以及强制实施用户认证体系。此后，英国、新加坡、澳大利亚、美国、中国香港、加拿大等国家和地区发布开放银行、API接口等相关政策文件或成立相应组织探索推动开放银行计划，如表2-6所示。

表2-6　部分国家和地区开放银行政策情况

国家	时间	政策举措	主要内容
英国	2016年3月	发布《开放银行标准框架》	就开放API设计、交付、管理等各方面提出相关标准要求，标准框架由数据标准、API标准与安全标准组成
新加坡	2016年11月	发布《金融业API手册》	在数据、API和安全等方面制定标准，在API选择、设计、使用环节给出具体指导，引导和推动开放银行发展
澳大利亚	2017年12月	发布《开放银行调查建议》	就开放银行监管框架、数据类型、客户隐私安全、数据传输机制和实施问题等提出多项建议
美国	2018年7月	发布《创造经济机会的金融体系：非银金融、金融科技和创新》	介绍英国、新加坡、澳大利亚等国家开放银行实践经验，建议制定监管措施，确保金融服务领域的数据安全共享

国家	时间	政策举措	主要内容
中国香港	2018年7月	发布《香港银行业开放API框架》	将开放银行API分为产品及服务信息类、产品及服务订阅申请类、账户信息类和交易类四个类别，依次有序推进开放
加拿大	2018年9月	成立开放银行咨询委员会	探讨消费者与第三方机构共享金融数据的机制。委员会成员来自监管部门、银行、律师事务所、金融科技公司等

资料来源：中国互联网金融协会金融科技发展与研究专业委员会、瞭望智库联合调研组.中国商业银行数字化转型调查研究报告[R].北京：中国互联网金融协会，2019.

2. 国际代表性商业银行积极建立开放、合作、共赢的金融服务生态体系

为响应政策要求和提升自身竞争力，英国、美国、澳大利亚、新加坡、中国香港等国家和地区的银行多采用技术手段深化跨界合作，在客户授权的情况下通过应用程序编程接口(API)、软件开发工具包(Software Development Kit，SDK)等手段向金融科技公司等第三方公司提供客户账户、付款、资金，以及分支网点、ATM位置等信息，如表2-7所示。

表2-7　国际代表性商业银行跨界合作情况

商业银行	具体实践
西班牙对外银行	发布API市场，已在西班牙、美国和墨西哥上线包括账户、银行卡、支付、贷款、通知、车贷等多种API平台，为第三方公司提供支付状态、连接、账户、银行卡等接口服务
星展银行	建立开放银行平台，提供包含银行核心业务、证券投资账户数据等在内的200多个API接口，为客户提供积分兑换、支付服务、贷款查询等服务

续表

商业银行	具体实践
花旗银行	在全球范围内推出API开发者中心，将账户管理、账户授权、银行卡等业务的API开放给外部开发者调用
巴克莱银行	开放银行卡信息、金融产品信息、银行分支位置、授权、FCA(Financial Conduct Authority)服务指标、账户和交易、ATM 位置和支付发起等多种API，同时设有 API 实验室，用于评估潜在的创新产品
荷兰国际集团	设立API开发者门户网站，提供账户信息、付款启动、付款请求等API接口，公司金融科技公司等第三方公司接入
汇丰银行	在欧洲设立API开发者门户网站，提供账户信息、付款启动、资金确认等规范指引，还可通过API接口获取分支机构、ATM信息等
苏格兰皇家银行	设立API开发者门户网站，为第三方公司提供账户交易、付款启动、产品和地点等API接口
桑坦德银行	设立API开发者门户网站，为经英国金融行为监管局授权的账户信息服务商或支付服务商等第三方公司提供账户交易、付款启动、产品和地点等API接口

资料来源：中国互联网金融协会金融科技发展与研究专业委员会、瞭望智库联合调研组. 中国商业银行数字化转型调查研究报告[R]. 北京：中国互联网金融协会，2019.

五、运行机制方面的关键举措

平台银行是平台社会的银行形态，主要表现为平台服务中的银行、平台治理中的银行及平台竞争中的银行[①]。它是由若干基于场景和生态形成的子平台银行构成的多层嵌套的平台银行体系。在每个平台银行单元，场景、生态及交互是平台化商业模式的基本构成

① 刘兴赛. 平台银行：未来银行的实现形态 [M]. 北京：中信出版社，2021.

要素。在平台银行服务体系中，银行服务更多隐匿于互联网平台的场景中，嵌入到社会生产生活的交易环节中，银行服务与大量的非银行场景服务相互融合。

平台银行是以高频为特征，全场景、全时效、全客户、全业务(大额、小额)的银行体系。其背后是以用户体验为导向、以数据为核心的运营体系。深度服务、持续交互、生态杠杆是平台银行的基本经营理念。生态价值最大化是平台银行发展的核心动力。

平台银行是新一轮科技革命背景下的未来银行形态，它与人类社会的全面数字化相联系，既与过去相当一段时间内的互联网银行相区别，又与当前银行业的开放银行实践存在本质上的不同。

1. 进行传统渠道的平台化转型

传统银行本质上是渠道银行，网点、手机App和网银等是传统银行触达客户的关键载体。但在科技巨头跨界金融的背景下，传统的渠道银行体系面临着银行服务与用户分离、银行服务底层化的危机。为此，传统银行积极推动银行两大渠道的平台化，构建起高频的场景服务体系，如表2-8所示。

表2-8　传统银行渠道平台化转型

举措	具体实践
网点服务的平台化	以O2O模式将网点服务嵌入到本地生活场景，实现网点服务的平台化。具体有三种应对策略：综合化转型、轻型化转型和网点智能化改造
App平台化	通过对场景的区分并进行梳理和整合，变细分渠道为整合性平台，并根据不同场景的特点，构建起持续交互、深度服务、深度洞察、专业化与生态化的场景服务

资料来源：刘兴赛. 平台银行：未来银行的实现形态[M]. 北京：中信出版社，2021.

2. 产业与公共服务领域的场景链接

以超越供应链的产业平台体系重获产业金融主导权。随着线上业务模式的兴起，供应链融资发展走上快车道，原因在于线上供应链融资解决了运营成本的问题，创新了风控方式，提升了客户体验。同时，供应链金融也存在过度依赖供应链体系中核心企业配合的问题。在这种情况下，产业链平台银行的构建就具有自身独特的优势。银行通过与政府合作，从产业发展的痛点和难点入手，构建融合第一、二、三产业的全产业链平台，并将自身服务嵌入其中。在产业链运行中，生态主体更为广泛，各种辅助主体也会成为生态中的一员。其中最鲜明的特征就是政府作为产业运行服务的重要主体会被纳入到生态当中，公共服务领域的平台银行构建已经成为领先银行战略着力的重点。在城市中，公共服务平台立足于"智慧城市"向下拓展，布局焦点在于智慧政务和智慧医疗领域。在机构业务领域，平台打法已经代替传统的关系营销成为银行新的竞争手段。在乡村中，公共服务平台的范围更为广泛，整合性、综合性更强，与产业发展、产业融合的结合更加紧密。总体而言，农村公共服务平台的构建包括三个层次：基层政务公共服务平台，包括线上办事大厅、基层党建、涉农资金管理、阳光村务等；民生、便民公共服务平台，包括医疗、教育、养老等；产业公共服务平台，主要是农村"三资"(即资产、资金、资源)管理、土地流转、土地托管、产权交易等。

3. 推动运营体系与运行机制变革

与平台商业模式相嵌套的是银行的运营体系和运行机制。它们决定了银行平台化的成败，也是平台银行变革的关键所在，如表2-9所示。

表2-9　运营体系与运行机制变革举措

举措	具体实践
构建以大数据风控为基础的智能化价值管理体系	以大数据技术为基础，推动风控体系自动化、实时化、精准化及自适应化。推动大数据风控与业务和场景的融合。围绕经济增加值、经过风险抵补的资本回报率等要素，构建一整套关于客户、业务、产品的价值识别体系、评估体系、管理体系及预警体系，从而驱动平台与用户(客户)交互的流转
构建基于运营逻辑架构及其理念变革的敏捷交付体系	推动技术工具化、数据资产化、业务集成化，推动技术、数据、业务与交互的高度融合。具体而言，平台银行的敏捷性来自大中台体系——技术中台、数据中台、业务中台。从战略上明晰大中台建设与平台商业(在银行业就是平台银行)的一对一的适配关系
构建以直营为基础，将总分体制与直营体制相融合的混合性平台运行机制	压缩管理层级，消减委托代理问题，将"三级管理——一级经营"的体系变为"一级管理——一级经营"的直营模式。推动总行权力集中从传统总分架构下的制度设计所实现的集中转变为业务模式所实现的技术性集中。推动银行体系职能设置导向从管理控制向分层服务转变，削弱省级分行的管理职能，强化其服务职能，使之与总行平台服务构成分层服务体系
以各级生态和场景为依据，废除传统的条线管理体系	在传统银行条线管理中，过于细分化的、多维度的管理体系将破坏平台银行生态主体之间及场景之间的内在联系，失去平台商业模式的内在价值和优势。因此，在平台银行模式下，要在整体性、综合性、联动性的基础上，以各级生态和场景为依据，而不是以客户、渠道、业务、产品、职能为依据，重构自身的经营管理体系

续表

举措	具体实践
构建前、中、后台的一体化运行机制	在平台银行的业务模式下，传统银行前、中、后台的运行形态发生了重大的变化，三者的界限开始模糊，各职能部门呈现出一体化的运营态势。具体而言，要推动科技、风控的前台化，以及传统前台的虚化。推动后台价值的显性化，通过技术手段，将后台成果直接嵌入到平台的智能化运营中
构建平台银行的内外部驱动机制	创新创业机制、专家治理体系构建起平台银行的内部驱动机制，但这个机制发挥作用，还需要一定的外部环境与机制与之相适应，而这个机制主要产生于银行对资本的运作。要通过投资资本、风险资本及资本市场与创业创新机制相配合，形成平台银行科技公司化的成长之路

资料来源：刘兴赛. 平台银行：未来银行的实现形态[M]. 北京：中信出版社，2021.

第三章

本土实践: 国内银行的数字化
转型探索与经验

　　本章构建了纵、横、深三维分析体系，聚焦零售银行、公司银行、交易银行业务，剖析国内银行围绕客户、产品、风控、运营价值链方面的重点工作，结合云、数据、AI、应用四项数字化元素，提炼出行业金融、开放金融、生态金融、绿色金融四大转型关键领域，如图3-1所示。

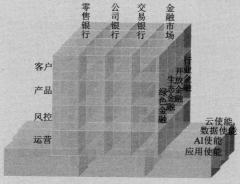

图3-1　商业银行数字化实践分析魔方

一、注重流量、场景与运营效率的数字零售银行

在传统模式下，金融服务主要是通过金融机构的线下网点获取，通过与客户面对面的交互来完成身份核查、业务推荐、服务传递。近年来，随着互联网的发展成熟及数字技术的应用创新，金融服务越来越多地从线下转移到了线上，用户触达金融服务的途径也从线下逐渐转移到线上，使原有服务渠道的价值受到挑战。此外，金融消费者对金融服务也提出新的要求与更高的期望，在存、贷、汇的服务基础上愈发关注服务的便利性、高效性、低成本和易得性。如何更好地满足零售客户对个性化、场景化、碎片化金融服务的需求，是零售银行业务亟须探索的课题。

本节将从零售银行客户营销、场景金融、消费金融及财富管理四个方面介绍零售银行的数字化转型的重点方向，探知当下国内商业银行打造客户需求的主动性与灵活性，多维衔接零售金融的供给侧与需求端，如图3-2所示。

图3-2　数字零售银行要点

（一）内化营销技术、客户流量外延化

在数字化背景下，我国商业银行愈发关注满足客户自发性需求的便利性，如建立智能网点、进行渠道优化等。但银行在触客的过程中仍面临灵活度较低、较为被动的问题。面对客户需求，银行倾向通过提高服务质量实现获客与活客，但在客户热情激发、客户购买行为刺激等方面缺少主动性。随着新兴技术的成熟和应用，我国商业银行的数字化营销模式百花齐放，多渠道、多场景、多领域并举。基于大数据及人工智能的精准营销解决方案，帮助银行实现客群细分并进行产品的精准匹配。通过建立裂变驱动的获客模型，裂变营销帮助银行打破空间和时间的制约，实现流量和客户的不断转化。在数据智能的推动下，通过全渠道数字化改造与融合，全域营销帮助银行实现跨端的客户获取与运营。借鉴互联网内容的运营模

式，商业银行实现对客户的有效触达、识别、交互及反馈。

1. 精准营销

伴随银行业的商业化发展，各家银行开始深度经营模式转型，如利率市场化引发的盈利模式转型、金融脱媒诱发的网点结构转型、经济新常态激发的客户结构转型、互联网金融促发的服务模式转型等。商业银行面对日趋激烈的行业内部竞争与互联网金融的冲击，在客户端的竞争力不容小觑。在此背景下，商业银行纷纷投入更为精准的营销解决方案进行探索，以提升营销精准度，减少业务环节，提高服务效率，降低营销成本。

大数据作为一种新兴的数据处理技术，深受金融机构青睐，其运用模式被充分探索，包括经济运行趋势洞察，对实体经济、行业及客户的深化理解，金融需求背后的商业逻辑和行为、风险特征的深刻把握，为管理决策提供全面、及时、科学的支持等。随着用户数据的海量积累，以及数字技术的日趋成熟，商业银行的服务将更加智能化。基于历史数据和海量用户行为数据，银行能够刻画更精准的用户画像，使得个性化、定制化的金融服务成为可能。

为了在精准营销的服务竞争中胜出，国内商业银行纷纷在完善顶层设计、构筑管理和分析体系及加速应用场景转化三个方面着力。

(1) 健全以客户为中心和数据驱动经营的顶层设计。全面落实数字经营、数据驱动的战略部署，持续进行数字思维的宣贯。适时调整以客户为中心的组织架构，打破固有经营惯性，实现从以产品、账户为中心向以用户、场景为中心的经营模式的转变。运用先进的数字化手段，量化产业经济形态和企业经营状态，引导资金流向推动实体经济发展的关键环节。重塑端到端的数字化客户旅程，积极引导和深挖金融需求，优化供给侧金融资源的合理、科学配给。

（2）构筑客户数据资产管理和分析体系。明确内部客户数据管理职责，突破部门间的壁垒，建立融合应用通道，促进客户数据共享。在切实保障信息安全的前提下，镜像全链路客户触点数据，互联互通各领域、各行业和各机构数据资源，健全企业级客户数据平台。发挥大数据、人工智能、产业图谱和多方计算等技术特点，构筑面向个人、企业客户的360度视图，持续数据更新，提升客户洞察的主动性和智慧性。

（3）加速数字化客户洞察的应用场景转化。综合运用数字化客户洞察成果，实现客户分层的经营模式，着力在客户服务、产品创新、精准营销、风险管控等领域的深入应用，提升客户体验，完善产品供给，降低服务成本，优化融资服务。在场景中持续深化客户行为，描绘客户旅程，捕捉产业走势，促进客户洞察与场景应用的良性循环，打造金融服务与实体经济的双赢局面。

2. 裂变营销

面对全球经济环境的不确定性和挑战，企业开始更注重营销活动的投入产出比。就银行而言，面对严峻的存量甚至是减量博弈，应充分利用私域流量，运用数字化手段，通过裂变营销，进行高效获客，实现困境突围。

为实现有效的裂变营销，商业银行应重点关注内容设计、激励设置、渠道投放及数据分析能力的建设。在内容设计上，应基于目标客群，匹配合乎客群调性的素材设计和文案。在激励设置上，应分群而治、收益明确、及时兑现。在渠道投放上，商业银行应该对自身特色进行线上流量、线下客流、内部员工、渠道伙伴等多维度的传播选择。在数据分析上，应充分挖掘数据价值，实现在营销前辅助营销计划、在营销中指导过程调优、在营销后验证投入产出的作用。

在具体实践中，不同的商业银行打造了多样的裂变营销模式。

1) 针对垂直客群提升活跃度

在疫情期间，某银行针对在线教育场景开展手机银行活动，使用手机银行支付即可以用1分钱购买知名机构的学科教育和素质教育等系列的正价课程。在过往经验中，手机银行月活需要持续通过权益撬动，促活成本较高；而传统渠道由于反复触碰缺乏新意，客户响应较差。为了高效撬动手机银行月活，提升支付笔数，该银行通过聚焦家长这一目标群体，通过与时下热点话题相结合，搭建营销推广场景。

为了鼓励分享裂变，活动特意设定了"根据活动信息接收者的报名数量，奖励分享者随机红包"的规则，加上分享的内容并非硬广告，而是花1分钱获得线上课程的机会，充分抓住了这个时期家长的真实需求，同时通过红包鼓励家长传播给身边其他家长，再通过1分钱这个超低门槛实现了手机银行支付单量的有效提升。而在营销投入方面，许多在线机构也瞄准银行的优质流量，为了以低成本实现客户转化，多家教育机构纷纷赞助了此次活动的正价课程，基本覆盖了银行的营销成本。

通过此次裂变营销活动，银行的客户触达量对比自媒体图文营销方式提升了近4倍，手机银行月活用户和手机银行月度支付笔数两项指标环比提升超过一倍，而且银行可以基于垂直客群营销结果进一步完善客群画像。

2) 异业联合推广ETC

某银行在ETC业务的推广中，积极寻求异业合作。为达到最佳效果，先后与十几家不同行业的商业机构尝试客户交叉导流的营销活动，该活动的核心目的是通过数据追踪，找到不同等级客户的消费特征，然后进一步优选特约商户，展开大范围的联合推广活动。

在初步摸底后，银行发现在其白金级别客户中以女性居多，并且与某高端医美行业用户画像高度重叠，于是决定针对这一客群设计活动场景：一方面在银行内部赠送医美机构入门级套餐，另一方面在医美机构的连锁门店中进行ETC免费办理的活动推广。同时，为确保活动落地执行的效果，银行根据分享传播的数据，增设针对美容顾问的成功推荐奖励。这使医美机构在与客户交流的过程中，美容顾问主动帮助银行进行ETC产品推荐，客户也可以很方便地从美容顾问处扫码直接报名。

在整个营销活动中，该银行不断基于数据进行策略和合作商户的优化，使资源始终向优质合作机构倾斜。最终，在触达的客户群体中，报名转化率近两成，超过三分之一的报名客户完成签约。此次异业合作，每个银行网点完成了数百张ETC的签约。

3) 通过全员营销推动AUM(Asset Under Management)提升

某银行针对日均资产万元以下的白名单客户，推广万元30天以上的结构性存款，以提升客户资产。按照传统方式，只能先设定权益，再逐个通知，然后坐等转化率结果。而这次活动则通过发动各支行客户经理，以全员营销的方式进行。除了设置排名、竞赛、内部奖励等常规方式外，该活动的一个核心亮点是通过实时透明的过程数据提升员工的参与感和行动力。

针对客户的触达和交流从微信端展开，通过对客户行为的追踪功能，银行可以对营销过程中点对点发送、分享至群组和朋友圈发布的信息的结果进行追踪，看到哪些客户报名参加。接下来，客户经理可以在合适的时机与客户进一步沟通，例如当其发现客户认真看完之后却没有进一步动作，可以及时询问客户意向并展开详细介绍，不必坐等客户上门。此外，员工的过程行为、沟通进度、内部排名等信息也都可实时展现，配合内部竞争及激励机制带来的动力，可以达到更好地全员营销的效果。在数据的价值下，该行启动全员营销以来，各二级行平均达标率接近150%，万元以下资产白名单客户平均增加了近7000元的存款。

3. 全域营销

全域营销是以客户为中心，基于数据智能的全渠道、全链路、全媒体的营销技术，依赖于以客户需求为中心的渠道体系建设和以生态能力为导向的渠道管理创新。

(1) 在渠道体系建设方面，一是推动线上渠道发展，适配客户线上行为习惯的变化，主动融入线上生活场景；二是推动线下渠道转型，解决客户线下业务办理的痛点，打造智能、轻型、专业的线下物理网点；三是推动整合开放生态，构建一站式服务开放平台。

(2) 在渠道管理创新方面，一是以融入数字化时代的数字金融生态圈为目标，提升数字化、智能化全渠道营销能力；二是以创新金融科技应用为保障，构建数据驱动、技术支撑的全渠道运营能力；三是以综合效益为导向，加强渠道整合和协调，打造全渠道投入产出监测模型，动态调整线上和线下的营销策略。

4. 内容运营

内容运营是指依托新媒体渠道，使用文字图片或视频等形式，将企业信息友好地呈现在用户面前，并激发用户参与、分享、传播的完整运营过程。在数字化时代，商业银行借鉴互联网内容运营的经验，力求对客户的有效触达、有效识别、有效反馈。在尝试内容运营之初，商业银行多采用直接效仿互联网企业的模式进行运营，但由于两者属性存在天然差异，因此在商业银行尝试初期，基本上都是多劳而无功。实际上，内容运营能力的打造需要企业充分地考量自身的产品属性、商业模式、存量构成等特性，内容运营需要量身而定才可行之有效。

对于商业银行而言，其产品属于低频工具型，追求的是综合经营价值提升；其存量业务庞大，追求的是高价值人群。因此商业银行的互联网运营需求不应单纯追逐高MAU(Monthly Active User)和DAU(Daily Active User)，而更应重点关注经营效率的长效提升及与客户的高质量连接。从科技能力来看，大部分银行科技自主开发能力较为薄弱，且本身用户流量规模较小，难以如互联网企业一般借助流量平台、通过一场运营活动而实现业务的爆发式增长。因此，为实现更有效的内容运营，商业银行应更多地以用户稳健增长及存量用户体验提升为运营目标。

在商业银行已经开展的探索中，以下三个方面的实践把握住了银行内容运营的关键要素，通过有针对性地解决痛点问题、升级能力，能够有效实现客户规模的拓展。与此同时，这些实践可以进一步优化发展，将有助于商业银行挖掘内容运营的更大潜力。

(1) 线上与线下一体化。银行内部业务产品众多，渠道功能差异化明显，同一个客户在不同渠道的体验千差万别，因此银行业在积极进行线上与线下一体化升级建设。线上与线下一体化不仅是要消除体验上的差异，背后的实质是要统一不同的业务流程和客户的操作习惯。内容运营应从业务本身流程和功能设计上进行升级优化，如此才能形成良好的客户体验。

(2) 加强科技基础设施建设。目前随着金融科技的发展及"80后""90后"用户习惯的培养，商业银行也在紧跟时代潮流，大力加强科技基础设施建设，完善内容运营基础，提升客户体验。比如生物识别技术、OCR(Optical Character Recognition)、数据采集与分析产品，要能够实现在各个渠道上进行埋点采集必要的用户行为数据，在数据采集后要能进行客户行为分析，并可以结合客户的交易数据和外部数据等进行多维度的分析与统计，从而形成完整的客户画像，助力客户的维系和运营。

(3) 加强营销能力的提升。商业银行开展的营销活动一般很难有效地统计活动效果，且存在持续时间短、受众面不足等问题。为了实现运营工作的有效开展，商业银行在不断提升自身的营销能力，包括探索数据化营销系统的建设，短信、微信消息的推送，营销活动效果的统计，营销人员的活动配置等都起到了有效支撑的作用。

（二）开放场景渠道、跨界融合生态化

近年来，金融供需模式正在悄然发生变革，改变着原来"等机

遇"的思维模式，传统银行与互联网金融融合已成为最重要的途径之一，二者的融合点即是场景金融。场景金融不仅是商业银行在市场决定论下支持供给侧结构性改革的战略思路，更是组织管理变革的导向、业务发展的落脚点。商业银行开展场景金融需从战略制定、经营理念转变、组织机制变革、产品与服务模式创新等多维度同步推行。在众多探索与实践中，开放银行和超级App是我国商业银行实现开放生态化的两大重点。

1. 开放银行

虽然多数银行已经拥有了自己的网上银行、手机银行等线上渠道，但基于银行线上渠道的金融服务模式仍面临许多问题。例如，银行App的生态环境相对封闭，使用频率低，同质化严重，难以吸引新客户，其中最重要的是无法满足客户日益增长和个性化的金融服务需求。因此，银行的思维模式必须从"经营客户"向"服务用户"转变，提升对用户体验的重视。从"客户"到"用户"，表面上只有一字之差，其实质则是深层次服务理念的变革与重塑。

为满足用户对方便快捷、无处不在的金融服务的需求，越来越多的银行开始从自己的封闭生态中走出去，积极与各平台合作，将自身产品、服务等嵌入到平台合作方，从而将金融服务融入各方场景，成为"场景背后的银行"，使用户在场景中获得个性化、专业性的银行服务。通过这种方式，银行服务的边界被进一步打破，真正实现"无处不在"的银行服务。在这种趋势下，数字银行将不再是一个场所，而是一种行为。特别是零售银行业务，将不再单单提供存、贷、汇等传统金融服务，而是更加注重生活场景的渗透，强调用户服务，以更加包容和开放的理念发展业务。

在"未来银行即服务"的趋势下，银行将从为用户提供金融服务的实体机构，逐渐转变为嵌入各种场景、渠道的金融服务提供商。所谓"银行的场景化"是指银行借助移动互联网和数字技术，将快捷、便利的金融服务融入日常生活工作之中，通过日常生活的场景，向用户提供金融服务。在过去传统的线下网点时代，银行竞争的是时间和空间，银行网点覆盖范围广、数量多、效率高、排队少是银行的优势所在。而在数字化、场景化时代，银行服务的竞争核心是场景，应用场景更丰富、客户体验更优的银行能赢得更多客户。在这样的背景下，跨业态构建场景化生态成为银行业新的竞争点。

在行业离柜率提升、客户流动性大的背景下，开放银行等场景化生态的服务模式被视为传统银行在数字化时代转型的可行思路。借助开放API、SDK、H5等成熟的技术手段及分布式的IT架构，银行能够打破原有的服务边界，开放自身金融能力，实现与合作伙伴的连接。这种模式使得银行将自身金融服务无缝地融入个人和企业日常生活、交易的各种场景，在为更广的客户群体提供专业的金融服务的同时，也拓展了自身的获客渠道、提升了用户黏性。开放银行等场景化生态具有以下几个突出特点。

1) 以开放API、SDK、H5为手段

近年来开放API、SDK及H5技术发展的日趋成熟为开放银行的发展奠定了坚实的技术基础。通过在SDK环境下调用API数据接口，可以实现金融机构与外部平台之间的数据共享，如表3-1所示。对银行来讲，采用这类成熟的接口技术具有以下两个优势：第一，在增加数据的共享性和扩展性的同时，银行无须对原有核心系统做大幅度修改，符合银行对业务连续性和安全性的要求。第二，API可以实现分层管理，根据接口数据的权限可以分为对外公开层、对合作伙伴层和对内不公开层三类。这种分层管理可以在确保共享范围内数据安全的前提下帮助银行实现数据共享。

表3-1　场景化生态主要技术手段

技术方式	定义	使用方式	可定制化程度
开放API	提供一组可以获得银行产品和服务的数据接口，合作伙伴可以通过该接口把银行产品和服务嵌入自身产品中	银行提供产品和服务的接口，由场景平台根据需求定制	最高，第三方可根据自己的需求组建应用程序
SDK	银行的合作伙伴通过SDK调用标准API，快速接入银行产品及服务	银行提供开发包，场景平台根据需要开发标准化接口	中等，保留部分可定制化能力
H5	提供连接到银行产品和服务的访问链接	银行提供标准化产品和服务	不提供定制化能力

由于开放API兼具标准化与安全性的突出特点，在以英国和欧盟在内的多个国家和地区，监管机构都在推动将API作为数据共享统一的标准方式。我国监管层面已开始发布相关指引，从技术层面和模式层面均肯定了开放银行的创新模式，鼓励银行深化跨界合作。2019年9月，中国人民银行发布《金融科技(FinTech)发展规划(2019—2021年)》，明确指出要求银行拓展金融服务渠道，使用应用程序编程接口(API)、软件开发工具包(SDK)等手段深化跨界合作。鼓励银行借助各行业优质渠道资源，打造新型商业范式，构建开放、合作、共赢的金融服务生态体系，实现资源最大化利用。2020年2月，中国人民银行正式发布了金融行业标准《商业银行应

用程序接口安全管理规范》(JR/T 0185—2020)。该标准明确规定了商业银行API接口的类型与安全级别、安全设计、安全部署、安全集成、安全运维、服务终止与系统下线、安全管理等安全技术与安全保障的要求，为各商业银行及第三方合作机构提供了统一明确的技术指引。

2) 以平台合作为模式

银行以平台合作化、金融服务场景化为模式。早期银行基于线下的网点运营模式，展业的重心在于拓展实体网点，通过异地扩张来触达更多的客户。

现如今，银行将金融服务融入各方场景，形成合作、共享的平台生态，客户可在任意时间、任意场景获得个性化的银行服务，如表3-2所示。

表3-2　商业银行金融服务模式演进历程

发展模式	发展重心	优、劣势描述
网点模式	线下渠道，重心在于账户增量和网点拓展	设立实体网点需要大量人力、物力、财力，成本高昂；难以匹配客户高效、便捷的服务需求
电子银行模式	线上渠道，重心在于自建场景，打造网上银行和手机银行App	第三方支付已形成垄断优势，难以撼动市场格局；内部服务供给单一，只是将线下服务线上化
开放银行平台合作模式	融入合作伙伴场景，构建生态圈	将金融服务嵌入实体经济各领域，扩大银行服务边界，提供便捷、优质、无感的金融服务

3) 以数据共享为本质

银行拥有与信贷强相关的金融数据，互联网公司也拥有许多用户行为数据，数据共享对跨业态各方具有潜在积极意义。在确保客户数据安全、保护客户个人隐私的前提下，对客户个人来说，数据共享有利于个人进行有效的资产配置和规划，大数据分析和人工智能等技术才能更好地运用到投资理财等业务中，才能更好地为客户服务。对于金融科技公司来说，可以通过银行开放平台提供的数据开发相关应用，繁荣生态，扩展业务范围。对银行来说，开放金融数据虽然看似有所损失，但通过获取来自金融科技公司的数据，银行能更好地刻画用户画像和环境画像，大大缩短调查时间，有利于提升信贷的精准度，降低不良率。通过鼓励个人和机构通过自己的开放平台提供数据开发相关应用，也有利于银行精准识别客户需求，匹配符合客户个性化需求的产品或服务。对社会来说，金融数据共享可以打通各个"数据孤岛"，提升金融运行的效率，并降低社会的交易成本，促进金融市场的繁荣发展。

目前，银行场景化的开放模式主要以银行"走出去"，向合作伙伴开放自身金融能力为主。在这种模式下，商业银行通过API等形式为第三方合作伙伴进行"金融赋能"，将银行的产品、服务、技术能力等进行输出。在未来，随着场景化模式与相关技术的成熟，商业银行将逐步从单纯的"走出去"转向"引进来"，借助自身较强的技术水平、资金实力和客户信息基础，吸引第三方合作伙伴进行深度合作。在"引进来"的模式下，商业银行将拥有对生态更强的主动权和控制权，能够基于自身平台为客户提供具有整合性的一站式服务，有助于银行实现流量客户的深度转化。

2. 超级App

场景金融应将金融活动嵌入到各个不同的生活场景中，为客户提供从生活需求到金融解决方案的闭环生态。在这一过程中，场景生态越完善，用户依赖度就越高。商业银行在持续深耕金融场景的同时应探索和外部伙伴的合作，共同构建丰富的非金融服务场景，吸引更多客户下载银行App并逐步实现客户留存，促进其向内环客户转化，最终实现客户价值的引导发掘和客户流量变现。

提高运维能力，做好用户留存，从提供产品到提供服务。在以前，商业银行App仅仅是线下网点的延伸，在服务形式和服务内容上较为僵化，银行开发App的目的只是出售产品。但在数字化转型的过程中，商业银行在努力突破这层桎梏，积极转变对App的定位。

深化App功能挖掘，输出不同能力。对于数字化时代的超级App，传统的功能已不能满足客户的需求，商业银行在积极进行功能的挖掘，尝试采用大数据、客户画像等技术分析App用户的行为，从而进行智能营销，以支持用户通过App产生如贷款、购买理财等更有价值的交易。

技术驱动，用户体验再升级，坚持"金融+科技"战略。在App应用方面，追寻简单化、极致化、个性化的优化方向。通过提供精准推荐的算法引擎，为App用户提供最合适的功能入口，实现以用户为本的规划。

持续推进技术升级。通过支付技术的迭代升级来连接用户消费需求触点，完善场景闭环服务。商业银行努力尝试运用App的移动社交属性，通过技术聚合了移动支付、个人金融、生活服务、电子商务等多种功能的移动生态圈，以数字化的支付链条连接线上与线下，最终形成O2O服务闭环。

（三）生活场景协同、消费金融本源化

商业银行作为"居民的银行"，为满足居民个人消费需求提供贷款等金融服务，即消费金融。广义的消费金融包括中长期消费贷款(主要构成是住房按揭贷款)和短期消费贷款。

随着消费金融市场的快速发展，发展消费金融已成为不少商业银行的战略要点。利率市场化及存贷利差的收窄，进一步凸显消费金融在银行业务领域的核心价值地位。从2015年传统商业银行通过加大转型布局和投资力度，全面投入消费金融市场，到2020年新形势下监管持续完善，消费金融行业有序发展，消费金融受关注度不断提升。

2020年4月，中华人民共和国国家发展和改革委员会、中华人民共和国工业和信息化部、中国银行保险监督管理委员会(以下简称"中国银保监会")等部门发布《关于稳定和扩大汽车消费若干措施的通知》，鼓励金融机构积极开展汽车消费信贷等金融业务。同年7月，中国银保监会发布《商业银行互联网贷款管理暂行办法》，要求商业银行将互联网贷款纳入全面风险管理体系。2020年9月，《中国人民银行金融消费者权益保护实施办法》出台，在延续原有金融信息保护的基础上进行了优化。2020年11月，中国银保监会发布《网络小额贷款业务管理暂行办法(征求意见稿)》，规范小额贷款公司经营行为。同年11月，国家市场监督管理总局发布《关于平台经济领域的反垄断指南(征求意见稿)》，明确定义平台经济领域的垄断行为，表达持续优化消费金融乃至整个金融市场的决心。2021年2月，《中国银保监会办公厅关于进一步规范商业银行互联

网贷款业务的通知》，进一步细化审慎监管要求，统一监管标准。

政府为消费金融释放出的积极信号和政策红利带动了国有企业、民营企业在消费金融领域的投入，孕育孵化出了一批消费金融公司、金融科技公司等机构。这些机构与商业银行错位竞争、互补发展，丰富了消费金融生态，促进了消费金融业务的蓬勃发展。截止到2020年6月，我国小额贷款公司余额8841亿元，网络借贷行业基本出清，消费金融公司贷款余额4686亿元，存款类金融机构短期消费贷款余额8.08万亿元，中长期消费贷款余额38.2万亿元，个人住房贷款余额32.36万亿元，车贷余额机构测算大约为8761亿元，因此广义消费金融贷款余额(包含车贷、房贷)约为47.67万亿元，同比增速11.2%，狭义消费金融贷款余额约为14.4万亿元，同比增速2.4%，如图3-3所示。

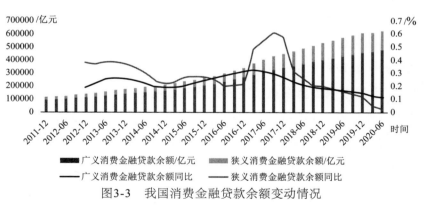

图3-3　我国消费金融贷款余额变动情况

鉴于我国中长期消费贷款业务绝大部分为传统大型银行表内业务，缺乏跨业态合作的动力，本书在此重点关注个人短期消费贷款。传统业务模式存在以下痛点：一是商业银行缺少客户。传统大型银行虽然有大量网点和能聚集客户的App和网站，但对筛选、留存有效客户的实际效果不佳；而中小银行实体网点少，获客条件先天不足。二是金融科技公司缺少稳定的低成本资金。金融科技公司往往背靠电商平台、分期平台，聚集巨大流量，在经营金融业务的过程中，流量需要变现，在强监管环境下，对合法、合规的低成本资金具有依赖性。三是第三方机构缺少业务。融资性担保公司、保险公司、征信机构等近年来业务增长相对乏力，需要新的业务增长点，亟须搭乘科技化、线上化的快车。

近年来，受益于包括大数据反欺诈防护体系和智能在线信用评级体系的大数据风控体系的发展，以及互联网流量市场的日趋成熟，消费金融自身及其跨业态合作蓬勃发展。

消费金融领域跨业态合作的参与者主要包括商业银行、金融科技公司和其他参与机构。其中商业银行通过运用互联网等信息通信技术，基于风险数据模型进行交叉验证和风险管理，受理贷款申请及开展风险评估，完成授信审批、合同签订、放款支付、贷后管理等核心流程，为符合条件的借款人提供用于消费的个人贷款；金融科技公司负责提供获取用户、初筛客户等服务，其发挥作用的场景主要包括智能营销、智能客服、欺诈风险识别等；其他机构包括增信机构、征信机构、催收机构等，提供相应的担保代偿、数据提供、催收等服务。

商业银行在消费金融领域的跨业态合作主要分为业务合作与技术合作两个方面。

在业务合作方面，金融科技公司是商业银行的重要合作伙伴，也是研究重点。商业银行和金融科技公司主要通过助贷模式进行合作，即金融科技公司发挥自身场景优势，帮助银行改善客户筛选、信用评估、风险管控、贷款回收等工作，旨在提升消费金融的客户范围和服务效率。

按照金融科技公司主要参与和承担的角色进行分类，助贷模式可分为客户支持型、资金支持型、风控支持型三种模式，具体如图3-4、3-5、3-6所示。

1）客户支持型

金融科技公司基于自身获取的客户和数据，筛选出符合银行准入条件的客户，推荐给银行，银行根据客户质量和放款结果向金融科技公司支付营销获客费用，即导流合作。

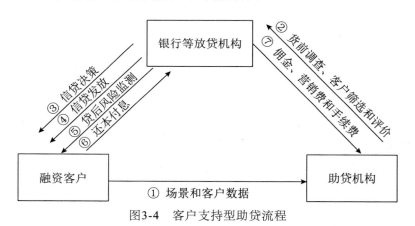

图3-4　客户支持型助贷流程

资料来源：中国互联网金融协会. 商业银行跨业态合作与差异化能力培育研究[R]. 中国互联网金融协会互联网银行专委会，2021.

商业银行还可以与金融科技公司联合建模，运用各自优势数据和流量资源进行有效互补，提高获客效率，降低获客成本。在这一模式下，金融科技公司作为助贷机构不承担放贷风险。

2) 资金支持型

一些金融科技公司持有小贷公司等放款资质，选择与银行进行联合授信、联合放贷等合作，约定各自的出资比例和风险分担方式，结合各自优势条件，解决有客户但资金不足等短板。

金融科技公司通过合规资质与银行进行风险共担，使合作更为紧密，但由于资质资源较为稀缺，所以需严格在监管规定范围内进行。

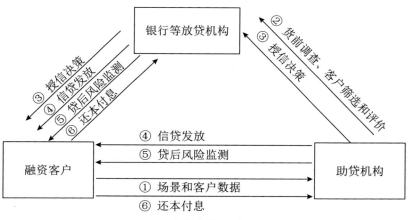

图3-5　资金支持型助贷流程

资料来源：中国互联网金融协会. 商业银行跨业态合作与差异化能力培育研究[R]. 中国互联网金融协会互联网银行专委会，2021.

3) 风控支持型

在实践中，部分银行具有一定量的客户和资金，但风控能力有所欠缺，因此在数据征集与分析、风险模型建立与优化、贷后管理与催收等风控方面选择与有相应风控能力的金融科技公司进行合作，辅助其客户筛选、逾期贷款处置、风控能力持续建设。

基于《商业银行互联网贷款管理暂行办法》的要求，"互联网贷款业务涉及合作机构的，授信审批、合同签订等核心风控环节应当由商业银行独立有效开展"，因此这一模式的开展具有一定局限性。

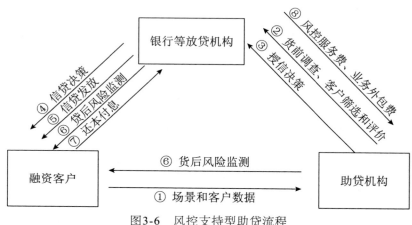

图3-6　风控支持型助贷流程

资料来源：中国互联网金融协会.商业银行跨业态合作与差异化能力培育研究[R].中国互联网金融协会互联网银行专委会，2021.

在实践中，三种基本模式也会交叉使用，目的是实现优势互补，各取所需。同时也引入增信机构，进一步解决金融科技公司与银行的风险分担问题。

在技术合作方面，主要有两种模式。

（1）通过选择合适的合作方，迅速搭建研发难度高、建设周期长的科技系统，如各类账务系统、开放平台、分布式平台、云平台等。早期的合作立足于解决各类服务的接入效率和通信协议转换问题。在场景服务接入方面，建立统一、便捷、安全的资产端开放平台应用，提供包括SDK、API、嵌入式H5等多种接入方式，优化传统模式下银企直连单点对接的连接模式。

在后续的建设中，资产开放平台、资金开放平台、金融产品创新平台、数据中台等信息系统，有效支撑了有特色的开放型数字银行的业务体系，在技术上综合使用分布式技术、大数据、人工智能、开放API、沙箱环境、灰度发布等具体技术对开放银行平台进行优化，在成本可控的前提下有效支撑大流量、高并发、小额高频的普惠金融业务场景，系统处理能力高、高效稳定、可扩展性强。

以某互联网银行为例，资产端开放平台已实现50余个互联网场景方对接，开放400多个信贷业务API服务接口，服务范围涵盖小微经营、零售消费、汽车消费、出行旅游、媒体资讯等各个行业。与此同时，资金端开放平台已连接30多个银行机构，服务对象包括国有大行、股份制银行、区域性商业银行、城商行、农商行及外资银行等各种类型。

（2）与合作方共建系统，长期协作。基于新业务发展需要，商业银行为控制科技成本，与金融科技公司一同搭建全新系统，产品需求以监管要求为前提，基于业务需要由银行设计并提出，双方共同开发，新系统的上线和迭代由银行验收把控，同时业务的开展也可由双方共同参与，分配利润，实现共赢。

以国内某民营银行为例，该银行通过自建的大数据风控体系，致力于实现"人人都有云授信"。为解决无实体营业网点的获客问题，进一步提升服务长尾客户的能力，该银行与国内某知名金融科技公司合作，通过API对接的方式，设计一整套的产品，通过金融科技公司的公众号、App为用户提供消费贷款服务。

具体模式如图3-7所示，借款用户在平台（前端App或Web）申请借款，平台通过自有系统或渠道获取目标客群，在完成初筛后，将合格的借款用户推荐给该银行，经风控流程终审，在落实增信方式和贷后数据管理措施后，发放贷款；由融资担保公司或保险公司履行担保或保险责任，若发生逾期，则向商业银行代偿或者对逾期资产进行回购。

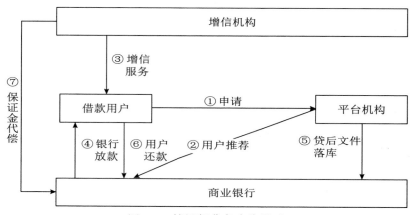

图3-7　某银行业务合作模式

关于此业务流程的风控举措有以下四点：一是贷款由银行直接发放到借款人，息费收取全部由银行直接扣除，保证贷款资金安全，也可以保障对客定价在合法、合理的范围内执行；二是核心风控措施由该银行消费信贷风控体系控制并实施，减少人工干预；三是专业且持牌的融资担保公司提供增信，并提供一定比例的保证金进行质押担保，符合监管要求，也满足银行风控策略；四是贷后催收结合互联网法院模式，提高催收效率，也避免人工不当催收行为的发生。

（四）智能财富管理、普惠客群私行化

财富管理是以客户为中心，根据客户的财务状况、风险偏好、现金流和财富需求，向客户提供现金、信用、保险、投资组合等一系列的金融服务。其目的在于为客户提供关于资产、负债、流动性管理的财富计划，帮助客户降低风险，实现财富保值、增值和传承。财富管理业务的范畴非常广泛，包括现金管理、债务管理、保险计划、投资组合管理、退休账户管理及遗产安排，从业机构有商业银行、保险公司、券商、财富管理公司等众多金融机构。

随着移动互联网的兴起，社会大众日常的生活方式发生潜移默化的改变，因受工作时间的制约、网络消费的习惯逐步养成，使客户更倾向于通过互联网完成理财产品购买，这样既可以节省往返网点及网点排队的时间成本，也可以规避工作日无暇到网点办理业务的问题，使人们充分体验到网络购买的便利。居民理财需求的持续快速增长与互联网、新技术的广泛普及相结合，催生了我国互联网财富管理市场的快速发展。中国信息通信研究院相关研究显示，互联网理财的用户规模不断扩大，互联网理财规模已超过万亿元。

在此背景下，商业银行财富管理也逐渐呈现出新的发展特点，一方面，去中介化使得资金提供者与财富管理媒介实现更高效的对接和更优化的配置；另一方面，投资门槛降低，也使得财富管理的客群下沉，更多公众能够主动参与到财富管理的活动中。这一变化也打破了原本银行占主导的财富管理模式，财富管理不再仅仅依托于线下服务，而是借助互联网进行线上获客和提供服务。基于人工

智能、大数据实现的金融经营和产品的智能化，能够基于用户的大数据画像，为其提供个性化的理财及资产管理服务，并在用户的授权下实现自动调仓，从而让普通用户也能够享受到定制化的金融服务，提升用户体验。整体而言，我国商业银行在财富管理领域的探索主要呈现投顾智能化，服务、平台及产品智慧化四个方面的特点。

1. 智能投顾

智能投顾并不是对传统人工投顾的简单完全替代，而是利用以大数据、人工智能为核心的技术，基于客户自身偏好(如风险偏好、投资期限、预期收益等)，结合丰富的产品(如股票类基金、债券基金、混合基金等)迅速生成投资组合，满足中产及长尾客户的资金管理及投资需求。财富管理服务的核心逻辑就是实现KYC(Know Your Customer)和KYP(Know Your Product)的匹配，即把合适的产品与服务匹配给合适的客户。KYC对应"顾问"的角色，KYP对应"投资"的角色，而"智能"是一种手段和工具，智能投顾结合"智能+投资+顾问"三要素，就可以实现上述匹配的便捷性、精准度与个性化。智能投顾利用大数据、人工智能、云计算等技术降低了投资理财的成本，因此相比较传统投顾呈现出低费率、低门槛、覆盖面广、透明度高等特征。智能投顾的普及，使得财富管理服务不再仅仅是高净值客户的专享，那些被传统金融机构忽略的"长尾用户"也能获得专业化、个性化的资产配置建议，如表3-3所示。

表3-3　国内商业银行智能投顾产品

银行	产品	产品特点
招商银行	摩羯智投	摩羯智投并非一个单一的产品，而是一套资产配置服务流程，它包含了目标风险确定、组合构建、一键购买、风险预警、调仓提示、一键优化、售后服务报告等功能，涉及基金投资的售前、售中、售后全流程服务环节。不仅如此，摩羯智投在向客户提供基金产品组合配置建议的同时，也增加了较为完善的售后服务
浦发银行	财智机器人	财智机器人主打面向优质及以上客户提供线上资产配置服务，与此同时，财智机器人可以与线下配置平台"财智速配"联动，通过理财经理线下配置方案的线上推送，实现客户远程全产品类别的配置服务，真正做到客户资产配置需求得到一站式满足
兴业银行	兴业智投	兴业智投通过两个维度进行基金组合方案的选择：风险等级和投资年限。风险等级被划分为1到6级，投资期限为1到6年。一般选择三种代表性的组合进行评测，分别为风险等级1，投资年限1年；风险等级3，投资年限3年；风险等级6，投资年限6年
平安银行	智能投顾	选取海外投行高盛等广泛运用的Black-Litterman模型和量化资产配置方法，分析客户的投资风格及风险偏好，从而提供合适的大类资产配置、产品组合建议。同时，平安智投还融入了平安集团、平安银行的投顾专家对产品和市场的精准筛选和判断，帮助客户量身定制投资组合方案。可以选择的产品除了公募基金以外，未来还覆盖银行理财产品、资管计划、黄金等
江苏银行	阿尔法智投	可根据投资人的不同收益目标及风险承受能力建立用户画像，依托大数据多维度精准地了解客户，运用改良的金融投资模型与专家策略分析，智能计算风险和收益的平衡点，对止盈止损实时提供提醒，并可根据市场反馈实现一键平衡调仓，为投资人打造量身定制资产配置方案

2. 智慧服务

商业银行在技术领域的数字化转型重点在于科技对银行体系的赋能。利用金融科技可以推进银行数字化流程建设，实现全流程的智能化服务，优化产品销售流程，提升服务效率。科技合作的主要形式分为私有化部署和云服务两类。私有化部署是将金融科技成熟产品部署在商业银行的自有物理机房中，商业银行后续进行独立的技术软、硬件管理。云服务则是金融科技将产品的成熟能力通过云服务的形式输出至商业银行。具体的合作环节主要有以下几个方向。

基于人工智能和自然语言处理技术的智能语音系统可以有效实现智能的用户客服和外呼服务，准确、高效地承接商业银行海量用户的咨询、电销等需要；基于人脸识别、活体识别等科技手段，结合身份证、银行卡、手机号、密码等传统手段的交叉验证，可有效替代线下人工对客户身份进行识别，为线上开展录音录像工作提供技术保障；通过深入分析客户数据，将风险测评结果与客户行为数据对比分析，多维度交叉验证客户的风险承受能力和风险承受意愿，确保在线风险测评结果体现的是客户真实的风险承受能力；基于大数据分析的用户画像技术对客户风险承受能力进行更为精准地判断，可对反映客户风险承受意愿的风险测评结果形成有效补充，严格把握产品风险等级与客户风险偏好的匹配，将适合的产品推送给适合的客户，实现精准营销。

例如，人工电话沟通被广泛应用于银行等金融机构的客服、电销与贷后管理环节。随着金融业务的大规模发展，人工客服的成本急剧升高，间接增加了融资、借款等金融服务成本，且人工客服难以做到全天候覆盖，同时人工客服更易受自身情绪化等影响，可能会影响业务办理及客户体验。智能语音机器人的应用就致力于解决上述问题。

智能语音机器人主要依托于自然语言处理、语义理解、机器学习等技术，实现人机交互的听、理解、说，以及完整的人机多轮对话交互，其技术架构如图3-8所示。相比人工服务，智能语音机器人有着显著优势。一是不受工作场所、工作环境限制，可根据业务增长规模，支持横向扩展匹配；二是智能机器人与人工客服相结合的方式可以大大降低对人工客服的需求量及服务成本，从而提高运营效率；三是智能机器人依赖人工配置的话术与用户交流，能够为用户提供最标准的服务，保障服务的稳定性和高效性。

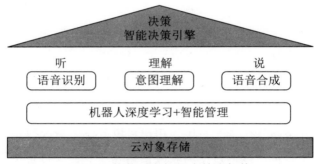

图3-8　智能语音机器人技术架构

目前部分商业银行已与头部科技公司就智能语音机器人开展合作，并形成了一定的行业解决范式。智能语音机器人经过多轮迭代，也逐渐实现了方言对话、多轮对话、对话引导和无感知等服务要求。

3. 智慧平台

目前，商业银行在财富管理领域的主要数字化合作方向之一是借助第三方财富管理机构的客户基础和流量优势，实现获客和产品销售渠道拓展。主要合作模式为银行通过第三方财富管理机构为客户开立账户，依托该银行账户，提供储蓄、大额存单、黄金等各类产品销售相关服务。一方面，银行通过API接口与第三方财富管理机构对接，第三方财富管理机构获取用户授权将客户要素、身份证影像等个人信息传递至银行，银行为客户在线开立Ⅱ类账户，实现批量获客。后期，银行还可以服务客户转变为Ⅰ类卡客户或手机银行客户，实现流量转化，快速提升银行客群规模及互联网品牌影响力；另一方面，银行通过API接口对接、入驻第三方财富管理机构旗舰店铺、超链接H5页面导流等方式，面向用户提供多品类资产和产品，用户可在线上完成交易，实现银行产品的线上化。

伴随着商业银行与第三方财富管理机构渠道模式合作的深入，基于财富管理机构的场景优势和技术优势，合作形态也在不断升级。一是基于互联网平台场景下的社交属性衍生的社交投资。例如，在国外某新兴投资平台中，用户可以分享、交流投资组合，优秀的投资组合也可以通过交易获取策略收益。社交投资集社交、移动、交易等功能于一身，为专业投资分析人员和投资者，以及投资者与投资者之间实现平台交流，基于移动客户端和大数据分析等互联网技术手段，为长尾客户提供投资顾问服务。但在国内市场，如何平衡投资交流和代客理财的边界，防范诈骗风险，是社交投资发展需要解决的问题。二是大数据、人工智能技术与财富管理服务的深度结合，探索落地智能投顾服务。利用大数据分析、量化金融模型及智能化算法，根据投资者的风险承受水平、预期收益目标及投资风格偏好等要求，运用一系列智能算法、投资组合优化等理论模型，为用户提供投资参考，并监测市场动态，对资产配置进行自动再平衡，提高资产回报率，从而让投资者实现"零基础、零成本、专家级"的动态资产投资配置。

4. 智慧产品

《关于规范商业银行通过互联网开展个人存款业务有关事项的通知》中规定："地方性法人商业银行要坚守发展定位，确保通过互联网开展的存款业务，立足于服务已设立机构所在区域的客户。无实体经营网点，业务主要在线上开展，且符合银保监会规定条件的除外。"在实践中，互联网银行、直销银行处于"一行一店"的状态，对客户线下的开户数量有所限制，而存款业务是银行经营的基础，因此民营银行对发展线上存款的需求旺盛，直销银行试点亦是需要直接进行线上客户获取。在此背景下，民营银行、直销银行开始了首批基于自身渠道的互联网存款产品尝试。

互联网银行、直销银行属于初创模式，品牌影响力较弱，仅依靠自身渠道获取的客户数量少，对于用户存款的吸引力尚有不足。与此同时，互联网平台财富管理业务的发展非常迅速，对于各类财富管理类产品的需求度非常大，再加上对Ⅰ、Ⅱ、Ⅲ类账户的分级管理，Ⅱ类账户不再需要柜台面签，这就为银行存款产品与第三方财富管理机构的合作提供了基础条件。在此基础上，民营银行、直销银行等先后与第三方财富管理机构开展线上存款业务合作，良好的用户体验、较低的起购金额及存款产品风险小、安全性高等特点，使得此类金融产品一度增长迅速。

由于用户需求偏好的差异，此类金融产品的结构也多有不同。(1) 根据本息支付方式，可以将其简单分为三类：一是固定利率提前支取(受益权转让)，二是定期存款，三是按期付息接力类产品。商业银行也逐渐建立起稳定的技术合作体系。(2) 银行端业务系统架构主要包括五个功能模块：一是统一接入模块，对外提供统一的

API接口或H5页面，外部合作渠道对接银行统一接入模块进行电子账户开户、电子账户充值提现、线上存款产品购买；二是电子账户管理模块，对通过外部合作渠道开立的电子账户进行管理，包括电子账户开立情况、电子账户充值和提现记录等；三是存款产品管理模块，对产品参数进行配置，包括渠道管理、额度管理等；四是支付模块，提供基本的充值、提现功能；五是核心账务模块，指核心系统对外提供基本的电子账户服务、计结息服务等。

对于商业银行互联网存款业务的快速发展，行业监管部门也多有关注，并先后出台多项规范措施。首先是对互联网存款中的结构性存款产品进行规范，约束无相关资质的商业银行开展结构性存款业务的行为，并限制结构性存款占比，此后，商业银行以结构性存款为标的的互联网存款产品纷纷下架。随后，监管部门又陆续对高利率活期存款、靠档计息存款等产品进行规范，规范约束商业银行通过互联网渠道高息揽储的行为。2020年底，商业银行互联网存款产品的业务风险再次引发行业关注和讨论，部分银行的存款规模通过互联网渠道得到快速增长，互联网存款占比偏高等现象普遍存在。在此背景下，2020年12月，大部分互联网平台就其存款产品做出下架处理，严格限制客户和规模新增，仅对存量客户进行运营管理。2021年1月，中国银行保险监督管理委员会、中国人民银行联合印发《关于规范商业银行通过互联网开展个人存款业务有关事项的通知》，要求商业银行依法合规通过互联网开展存款业务，不得借助网络等手段违反或者规避监管规定，而且商业银行不得通过非自营网络平台开展定期存款和定活两便存款业务。审慎稳健的监管规范，将成为相关金融产品和服务创新的基本遵循原则。

二、服务实体、产融一体化的数字公司银行

公司银行曾是商业银行回报丰厚的部门，但近年在经济周期逆转、监管持续趋严及数字化浪潮的多维度冲击下，其风光不再如前。在客户侧，公司银行业务正面临客户需求异质、决策理性的特点。在业务属性上，公司银行的业务往往呈现顺周期性。因此，对于公司银行业务的发展，银行应重点以"价值+风险"的综合视角从业务及客户等角度进行自我审视。在经济系统的升级迭代下，公司银行应丰富供给侧，进行从单一资金提供者到全面资金整合者的转型，大力构建专业化的服务能力。在业务模式上，商业银行应大力发展供应链金融和基于产业链设计一体化的金融服务模式，紧握巨头企业，打造横向扩张能力，突破公司银行"单一客户钱包份额有限""单一客户风险集中"的困境。此外，在互联网科技公司的竞争与合作过程中，银行应探索更多元、更开放、更敏捷的服务模式，挖掘和创造丰富场景，落实"更多客户、更多产品、更好服务"，实现客户充盈、收入结构转变，在数字化时代实现突围。

（一）构筑银政生态、金融服务全面化

作为发展中国家，我国的商业银行，特别是国有商业银行承担着更多的社会责任。商业银行作为居民和企业财富的托管者，社会的财富资源的调配者，这一天然属性赋予其承担支持政府化解金融

风险、支持公共运营服务和基础服务职能。同时，商业银行除了承担政府债券的承销与交易、扶贫、棚改、社保、医保等政府拨款的发放职能，也将部分公共服务、基础服务落实到普通民众。

结合人工智能、大数据和区块链技术发展，政务服务逐渐向数字化、线上化、智慧化的"互联网+政务"的方向发展。政府与科技公司开展深度合作，覆盖医疗、交通、公安户政、出入境、缴费、教育等场景应用，提升和创新政府的公共管理和公共服务模式。银政合作领域同样向"互联网+"的方向发展，从基础结算、业务代理到平台建设和智能融资，均有一定科技赋能金融的突破与创新。通过"银政合作数据直连"解决广大群众、小微企业"融资难、融资贵、办事难、跑腿难"的痛点，将"政务+查、缴、办、提"等功能落地商业银行移动端App，实现"让数据多跑路，让民众少跑腿"。在社会民生等机构服务方面，商业银行帮助医院、学校等社会民生服务机构将交易结算、资金归集与缴费、业务办理等功能全部打通，结合机构客户的资金流动性特点，提供短期机构理财等综合功能，为社会民生服务机构提供一站式的综合金融服务。

在银政跨业态合作领域，商业银行、政府、金融科技公司是主要的参与主体。银政合作是商业银行为适应新的发展契机与政府开展的合作，通过建立银政生态，将金融服务嵌入各类为民、便民、利民、惠民的场景。其核心目的是拓展机构服务用户的通道。一方面，商业银行可以利用其网点辐射范围广、自助终端铺设数量多、移动终端科技能力强等优势，有效地扩宽政府服务的受理渠道，为人民群众提供更多的办事网点，推进政府职能转型升级，提升便民利企服务水平；另一方面，商业银行可以通过合作增加用户黏性，保障业务和客户的增长，从更普遍、更惠民的场景获得服务的入口，衍生出智慧政务、智慧"三农"、智慧出行、智慧教育、智慧医疗等生态场景。

1. 智慧政务

智慧政务是未来发挥金融科技、业务资源和体制机制等优势的突破点和结合点，是政府提升治理能力和高效履职的重要手段，有助于提高政府社会治理能力、深化行政管理体制改革，在促进经济社会可持续发展的过程中地位日益凸显。在业务层面，由银行提供账户管理、收付结算等金融服务，金融科技公司提供业务流程场景化线上解决方案；在数据层面，金融科技公司协助政府提供各政务领域数据、协同业务场景进行数据加工和分析；在科技层面，由金融科技公司进行系统架构搭建与底层基础设施建设。

2. 智慧"三农"

2020年4月，国家出台《中共中央国务院关于构建更加完善的要素市场化配置体制机制的意见》，将土地、劳动力、资本、技术和数据等要素的市场化提上日程，农村土地产权改革、人才和资本下乡、农业产业技术和数据都将成为未来农业产业的重点，生产要素将成为按照市场化规律自由流动的金融资产，银行将在农业产业要素金融中发挥重要作用。"三农"金融场景包括阳光村务、"两区"登记、"三资"管理、土地流转、农机认证、单品种植、田间生产、产品销售、畜牧养殖、流通交易、产权交易、两权抵押等。

其中，银行作为支付结算等金融服务提供方，政府提供渠道帮助银行对接客户消费群体，其盈利模式可通过交易手续费、客户沉淀资金投资收益、交叉营销收益、技术解决方案收入等多种形式表现。金融科技公司提供智慧农业、"三农"管理等技术解决方案，提供与银行进行数据交换的接口，其数据分析能力一方面可以为银行提供授信和风控输入，另一方面为数字农业、农村提供平台支撑。

3. 智慧出行

智慧出行也称智能交通，是借助移动互联网、云计算、大数据、物联网等先进技术和理念，将传统交通运输业和互联网进行有效渗透与融合，形成"线上资源合理分配，线下高效优质运行"的新业态和新模式，并利用卫星定位、移动通信、高性能计算、地理信息系统等技术实现对城市、城际道路交通系统状态的实时感知，准确、全面地将交通路况通过手机导航、路侧电子布告板、交通电台等途径提供给大众。智慧出行在为城市人群提供便捷出行方式的同时，也开创了前景广阔的市场。银行作为支付结算等金融服务提供方，同时支持输出智慧交通一体化云平台等技术解决方案；政府方面提供渠道帮助银行服务客户消费群体；金融科技公司提供与交通运营商、银行等进行数据交换的机会，其数据分析能力一方面为银行提供授信和风控输入，另一方面帮助交通运营商提供更多、更便捷的出行服务。

4. 智慧教育

智慧教育即教育信息化，是指在教育领域(包括教育管理、教育教学和教育科研)全面深入地运用现代信息技术促进教育改革与发展的过程。金融服务与智慧教育结合的场景包括账户管理、线上教育缴费、教育补助申领、教职工工资发放、线上云课堂、线上信息收集等。以"校园一卡通"为例，其在具有校园生活安全缴费作用的同时，更是打通了校园周边商户的信用交易，通过相关手机App设定各类学生生活消费场景，不仅包括宿舍门禁、校内咨询、教师教学场地预约等功能，还创新搭载了包括学费缴纳、助学贷款查询、还款日查询、一元理财等多项金融功能，形成了校园安全消费生态圈，为学生创造缤纷多彩的校园生活。其中，银行作为金融服务提供方，同时进行智慧教育平台搭建输出；政府作为标准制定方，牵头学校等主体开展一致行动；服务运营商组织平台的建设、推广和运营；金融科技公司通过云服务技术搭建底层基础设施进行协同合作，其盈利模式主要是解决方案销售收入、技术咨询收入，银行分润收入，服务运营商的营销推广和服务运营收入等。

5. 智慧医疗

党的十九大报告中提出的"实施健康中国战略"是新时代健康卫生工作的纲领，体现了国家对健康公平的关注，符合人民群众对美好生活的新期盼。智慧医疗是综合应用医疗物联网、数据融合传输交换、云计算、城域网等技术，通过信息技术将医疗基础设施与IT基础设施进行融合，以"医疗云数据中心"为核心，跨越原有医疗系统的时空限制，并在此基础上进行智能决策，实现医疗服务最优化的医疗体系。根据《全国医疗卫生服务体系规划纲要(2015—2020年)》，到2020年，实现全员人口信息、电子健康档案和电子病历三大数据库基本覆盖全国人口并实现信息动态更新，全面建成互联互通的国家、省、市、县四级人口健康信息平台，积极推动移动互联网、远程医疗服务等发展。银行大多以医疗卡为载体，以便民、利民、惠民为出发点，坚持"政府主导、统一规划、资源整合、市场运作"原则，按照"多卡合一、一卡多用"的要求，遵循"并存过渡"和"逐步取代"的规律，依托先进的信息技术和智能卡技术，实现"一卡多用、使用方便、具有特色、安全可靠"，可以真正实现多家医疗机构的就诊一卡通、健康档案和就诊信息共享等，将金融服务与智慧医疗预约挂号、费用支付、智能监管、智能临床、智能科研、医药追溯、电子病历等场景进行对接。其中，银行提供支付结算、账户管理等金融产品，同时搭建技术系统支撑；政府牵头医保资金、医疗平台的对接；银行作为应用方获取公共医疗卫生信息监测服务，协同合作的主要盈利模式是支付结算手续费、资金留存收益、系统开发收入、咨询顾问收入等；金融科技公司通过云服务技术搭建底层基础设施进行协同合作，其盈利模式主要是解决方案销售收入、技术咨询收入，服务运营商的营销推广、服务运营收入和金融机构分润收入等。在运营层面，由政府牵头推进实施，银行、金融科技公司等研发产品；在数据层面，远程医疗要求数据传输迅速、质量高、共享程度高；在技术层面，主要依托医疗物联网、数据融合传输交换、云计算、城域网等技术；在风险层面，应关注信息泄露带来的数据安全风险及欺诈风险。

（二）数字技术赋能、链化风险闭环化

供应链金融的特征是立足于供应链自身的形态特点，把握生态内各方的强弱关系，从各方的需求出发，将信息、资源进行有效整合，设计贴合供应链的金融产品，从而使得授信个体及供应链整体的信用风险可控，融资服务效率提高。具体来说，在供应链金融领域，通常通过商流、信息流、物流、资金流"四流合一"等不同维度去确认信息的真实性和可持续性来构建风控策略模型，通过转化个别个体信用风险为整体供应链信用风险，来弱化个别个体的判断难度和其所占的风控权重。另一方面，通过增加系统化自动化流程，简化人工操作流程，降低流程周期，提高用户体验。可以说，供应链金融的关键是整合、系统化与效率。

1. 搭建供应链平台，实现数据线上流转

通过搭建供应链金融服务系统平台，产业链上各参与方、金融机构、监管部门之间在保障数据隐私的前提下共享业务数据，使得高质量数据实现线上流转。基于大数据分析技术，银行等金融机构可对线上关键业务数据进行建模计算，实现对融资企业的主体信用、交易信用的全方位刻画，帮助业务人员高效识别融资客户，降低业务办理难度和成本，加快贷款审批流程。同时，大数据分析与物联网技术相结合，使得物流、商流、信息流、资金流整合统一，银行业务人员能够有效管理贷后质押物并且把控资金去向，使整个交易过程变得更加透明，更加可视化。

基于区块链分布式账本技术，将债权凭证、合同、发票和付款

信息等关键数据上链，形成一套多方共享的区块链数字凭证，具有已确权、可流转、可持有到期、可融资、可溯源、不可篡改等特点。基于这些可信数字凭证，银行节省了大量的线下尽调和审核成本，降低了实操人员的工作强度及工作难度，也降低了其业务边际成本，效率大大提高。并且，在贷后还款环节，区块链智能合约技术可自动实现逐级清分，资金清分路径实现了有效固化和完全自动化闭环流转，银行实操人员可以线上追踪资金流向，并可以有效且高效地监督企业按约还款。

例如，某供应链云平台采用SaaS(Software-as-a-Service)平台模式和云服务技术，为企业客户提供在线供应链金融综合服务。该平台涵盖的四大功能模块分别为：为企业客户提供全流程在线供应链金融综合服务的供应链金融模块；提供跨境支付业务信息录入、影像上传，实现跨境支付业务自动化、标准化、全线上处理的跨境金融模块；根据申请人需求，实现保函在线申请、即刻出函、无触收函等全流程电子化、自动化处理的电子保函模块；通过可视化的交易接口配置，快速与第三方企业进行系统直连的快速接入层模块。四大模块功能相互配合，实现了全流程、在线化的交易处理，强化了产融结合，在信息流、资金流形成了一个完整闭环，构建了"产业链金融生态圈"。

2. 保障数据安全，助力风控合规

基于物联网设备对有价值的数据进行的实时采集，可以排除人为因素干扰，保障数据的可靠性。而且，每个物联网设备都拥有唯一的网络可识别身份，结合密码学及解密和数字签名技术，能够进一步保障数据流可信、安全地在线上流转。尤其是在动产质押融资领域，配有物联网传感设备的质押品监管仓库可以实现对动产存货的识别、定位、追踪、监控等系统化、智能化管理。而人工智能技术还能发现仓储运输过程中的潜在问题并适时警报，助力银行等金融机构全方位实时感知和监督质押品状态，牢牢把握各环节风控。

例如，C品牌商是资金和服务的需求方，商业银行及其合作的D集团则作为资金和服务的供给方，提供集合金融、物流及仓储、销售渠道的综合性解决方案。C品牌商作为某通信设备生产商，拥有较大的市场份额。为了进一步降低生产成本，C品牌商拟采用"先预售、后生产"的模式进行本次新机发行。为满足客户需求，D集团采用了联合合作银行、D金融、D商城、D物流及仓储的跨界业务合作方案，打通客户在预售、融资、生产、储存、运输、资产处置等环节的运营障碍，协助企业快速提升供应链管理效率，如图3-9所示。

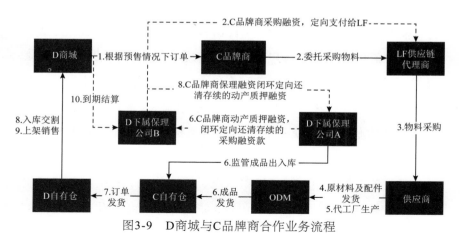

图3-9　D商城与C品牌商合作业务流程

3. 多中心服务流程，拓展业务服务范围

由于供应商体量差异大、背景复杂，囿于风控压力和政策要求，银行难以针对单笔金额较小的交易提供供应链金融服务。但大数据分析技术对融资企业信用评估进行的全方位刻画，可助力银行等金融机构识别优质的目标客户。再结合区块链底层技术，在保障数据不可篡改、可溯源的基础上，降低业务边际成本并提高服务效率，使得小额融资需求也能实现线上融资业务申请的办理。

基于此，银行等金融机构获取了更多的中小微企业客户，挖掘、盘活了这些潜在的优质客户资源，实现从一级供应商扩展至二级、三级等多级供应商的业务服务范围。其中，很多小微企业作为N级供应商或经销商，对流动资金的需求往往很高，却由于信用评级较低而无法得到银行融资。金融科技赋能下的新供应链金融模式能够帮助银行等金融机构快速锚定强融资需求用户，通过向其收取比核心企业相对高一点的利率，并基于核心企业的债务获得来自中小微企业的收益，而且风险得以有效控制。

某银行是国内知名的互联网民营银行，其目标客户主要为基于供应链生态的小微企业客户。为进一步提升长尾客户服务能力，该银行与国内某知名金融科技公司合作，为网络货运平台及其上、下游货主、承运司机设计一整套基于区块链的供应链普惠金融产品，提供将货主信用沿着交易链条流转给司机的供应链金融闭环解决方案。

在业务流程方面，基于运单信息、轨迹信息、资金信息"三流合一"校验的真实运单链上的记录，通过该银行数据化授信模型，

为货主、网络货运平台等提供便利的"供应链+普惠融资"服务，资金在其云资金账户体系闭环运行，并基于链上真实运单信息形成信用流转，定向用于司机运费结算。

在风控方面，区块链作为可信数据底盘，助力鉴证业务数据的真实性、有效性和一致性，使得大数据风控可以全面采信，并结合交易场景给予额度，贴近客户实际经营需求。并且云资金管理产品，提供资金场景闭环运行，使信贷资金在银行体系内全程可视，最终司机或车后服务商提现，体现了资金流与商流的真实、完整合一。通过分散对公集中度风险，对平台的整体授信来源于平台上游货主付款能力评估后的汇总额度，同时给予限额，缓释平台集中度风险，并有效解决平台由于轻资产模式较难获得传统授信的痛点。

（三）关注 ESG、打造绿色银行

ESG是环境（Environmental）、社会（Social）、公司治理（Governance）的简称。ESG指标通过考察财务信息以外的绩效来衡量企业发展是否可持续，对社会价值观是否有正面影响，以及公司治理是否完善。ESG价值评估可以反映传统财务报表不能向投资者及公众传递的内在价值，如企业声誉、品牌价值、战略规划、产品安全等，可以有效填补市场评判标准的局限性，更加全面地评估企业信用品质和风险管理能力。

ESG理念起源于社会责任意识，早期西方国家因经济高速增长带来的社会和环境负面效应逐步显现，由于市场机制的作用，社会责任投资逐渐渗透到商业活动中，企业和投资者开始在运营和投资决策中加入社会和环保因素，"社会责任投资"意识开始发展，1997年，联合国环境规划署金融倡议组织颁布《关于可持续发展的承诺声明》，提出企业将环境和社会因素纳入运营和战略的建议。2006年，联合国成立责任投资原则组织，正式将ESG责任投资领域纳入基本行为准则，推动投资机构在决策中纳入ESG指标，ESG投资自此开始被广泛研究和应用。高盛、贝莱德、MSCI等金融机构和组织随后相继开展ESG投资实践，推出ESG投资组合和ESG指数等产品。国际组织和投资机构将ESG概念不断深化，推动了ESG的系统评估方法和信息披露标准的发展，并逐渐形成了一套完整的ESG理念体系。

目前，国际各机构在ESG的定义及分类指标上尚未形成统一。各机构在ESG分类和具体指标上有所区别，但其内涵基本保持一致，均关注企业在环境、社会和公司治理等非财务领域的绩效。环境责任指的是公司在生产经营中应提升环境意识，降低单位产出的环境成本以提高其环境绩效。社会责任通过商业伦理、社会伦理和法律标准等向企业提出要求，提升企业与社会之间内在联系的意识，其中包含但不限于利益相关方、行业及社会生态。公司治理责任主要围绕股东、管理架构和董事会等层面，从提出可持续发展战略到形成完善的现代企业管理制度。

1. 乘借ESG东风，助推转型发展

ESG虽然在我国起步较晚，但其可持续发展的核心思想与我国长期以来推动的可持续发展战略不谋而合，同时也成为落实新发展

理念、推动经济高质量发展的重要抓手。从外部环境来说，引导政策和市场趋势都指明ESG将会是商业银行未来的发展方向。而对于商业银行而言，积极主动地寻求ESG发展也会给自身带来好处。

1) 国家政策持续引导ESG发展

随着中国金融改革开放的不断深入，ESG理念逐渐得到了政府部门和监管机构的重视和认可，并且逐步研究推广ESG理念。2012年发布的《绿色信贷指引》要求银行机构建立环境与社会风险管理体系，并公开绿色信贷战略和政策，充分披露绿色信贷发展情况，形成了银行业"E"与"S"管理理念的雏形。2020年1月，中国银行保险监督管理委员会发布《关于推动银行业和保险业高质量发展的指导意见》，明确要求银行业机构建立健全环境与社会风险管理体系，将ESG管理因素纳入授信决策全流程，强化ESG信息披露和与利益相关方的交流互动。这是金融监管部门首次明确要求银行机构将ESG管理从单一风险管理延伸至自身整体经营管理行为，并强调风险管理、授信决策流程、信息披露三大实践要求，为银行机构践行ESG理念、推动高质量发展提供了方向指引。2021年《政府工作报告》指出，为了实现碳达峰、碳中和目标，要加快建设全国用能权、碳排放权交易市场，实施金融支持绿色低碳发展专项政策，设立碳减排支持工具。这说明以ESG为代表的绿色金融的运用与发展已经成为经济可持续发展的主流选择。

2) 银行业ESG产品已初具规模[①]

就市场趋势而言，随着国家政策的引导和绿色产业的发展，实

---

① 孟扬. 银行加速布局 ESG 主题理财产品 [N]. 金融时报，2021-03-26(005).

体经济对绿色金融服务的需求显著增加，银行、信托、基金等金融机构对可持续发展绿色产业的投资兴趣日益增长。据普益标准统计，目前全市场ESG概念基金合计达117只，近一年平均收益率达47.68%，近两年平均回报达95.56%；ESG主题银行理财产品发行加速，2020年共有7家商业银行或理财子公司推出44只泛ESG理财产品。

根据金融时报统计，截至2021年第一季度末，国内各银行及银行理财公司发行的ESG主题理财产品共有57只，发行机构包括NS理财、HX理财、HX银行、JX理财、XY理财、SZ农商行、GD理财和ZY理财共8家。其中，HX银行发行产品数量最多，有34只；NY理财位居第二，发行12只；HX理财发行4只；JX理财发行3只；GD理财、SZ农商行、XY理财和ZY理财各发行1只。

从资金投向角度看，债券型资产占据了ESG主题理财产品资产配置的首位。固定收益类ESG主题理财产品重点的投资标的包括绿色债券、绿色ABS、ESG表现良好企业的债权类资产，覆盖了节能环保、生态保护、高质量发展、清洁能源、乡村振兴、民生等重点领域。

以某银行发行的"龙盈固定收益类ESG理念理财产品"系列为例，产品主要投资于节能环保、清洁生产、清洁能源、生态环境、基础设施绿色升级等环保产业，以及与民生、乡村振兴、普惠金融等领域相关产业境内市场固定收益类金融工具。某理财发行的ESG产品则优先投资于清洁能源、节能环保及生态保护等绿色环保产业，兼顾扶贫、乡村振兴、小微企业支持、"一带一路"、民企纾困、高质量发展等领域。某银行旗下的"阳光红ESG主题行业精选"产品，选取光伏、电动车、汽车电子等未来成长空间较大、估值合理的行业进行重点配置。

现阶段市场中的ESG理财产品主要为固定收益类，商业银行需要进一步创新ESG投资方式，加强权益类产品的研究开发，深入挖掘民生、环保、普惠、养老等重点领域高质量发展需求。同时，商业银行还需要提升自身在ESG领域的投研能力和对投资资产的管理能力，加强对底层标的资产ESG相关数据获取、处理方法和分析工具的开发和运用，从而为多种类型ESG理财产品的打造提供坚实基础。此外，加大宣传教育力度，培育负责任的投资者也很重要。

3) ESG助推银行转型发展[①]

ESG强调经济与环境、社会、治理之间平衡发展，提供了一种具备可操作性的可持续发展评估工具，对于商业银行来说，有助于其加快向价值银行转变，主要表现在以下几个方面。

(1) ESG推动发展理念转变。当前，我国的商业银行业正处在向高质量发展跨越的重要关口，思维方式和发展模式亟待转变。ESG以可持续发展为核心，促使商业银行审视并校准自身发展战略方向，在规模、质量、效益三者之间寻找有机平衡，实现经济价值和社会价值的最大化。

(2) ESG推动发展模式变革。绿色金融已是当今世界不可忽视的发展潮流。ESG以环境和社会管理为主要内容，促使商业银行更加重视企业环境、社会、公司治理等非财务指标，更加科学合理地排

---

① 　陈信健.践行 ESG 理念推动银行高质量发展 [J]. 中国金融，2020(18)：67-68.

除相关风险，甄选业务，推动资产结构调整，加快向社会和环境风险相对较低的行业转型。同时，在ESG业务中，商业银行可以将绿色发展的理念传导给客户，提升客户管理风险的能力和长期盈利的能力，真正建立"以客户为中心"的可持续发展模式。

(3) ESG推动竞争力提升。ESG信息披露和管理能力已经成为市场检验"好银行"的重要标准。MSCI指数显示，ESG表现出色的企业，其ESG绩效和财务绩效存在长期、稳定的正相关性。尤其是ESG强调公司治理的完善，有助于帮助商业银行建立健全现代公司治理格局和运作机制，统筹平衡社会责任与盈利责任，提高商业银行的可持续竞争力。

2. 加快ESG实践，推动绿色普及

顺应全球的可持续发展潮流，我国的银行机构正逐渐参与到与ESG相关的建设中，在ESG方面的表现逐步提升，但与国际先进的同业相比，行业内尚未形成与ESG相适配的"基础设施"。如何更好地发挥ESG的作用，使其真正成为破解商业银行业高质量发展的"金钥匙"，还需关注并做好以下几方面的工作。

1) 注重顶层设计，确立治理理念，贯彻ESG战略

商业银行需要从顶层开始，着眼全局，确定可持续发展的战略定位。从国家战略角度出发，"气候治理""可持续发展""高质量发展"上升到了前所未有的高度，碳达峰、碳中和战略将从行业顶层开始倒逼商业银行思考可持续发展的道路。政府监管持续加强对金融机构的高质量考核，绿色信贷比例成为重要指标(如图3-10所示)，相对来说，绿色资产具有质量优势。在未来，可持续发展将

成为监管领域应对气候环境风险的重要指标，绿色融资、气候融资将成为评价银行表现的重要考虑因素，而银行管理层需要建立责任机制，全面负责ESG的施行。

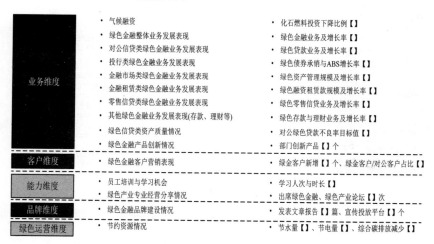

图3-10　评价考核机制建议

2) 创新商业模式，完善投资组合，丰富ESG产品

ESG实践需要相应的商业模式进行运营。商业银行需要从公司治理和可持续发展高度思考企业社会责任，将履行社会责任与银行自身业务紧密结合，探求一种可持续的企业与社会共赢的商业模式。其关键点在于发展商业银行的绿色金融体系，丰富绿色金融产品，完善服务体系，如图3-11所示。

可持续金融产品与服务			
对公信贷产品	细分行业模式创新	商用光伏贷 风电贷 储能贷	城乡公共交通贷 绿色建筑贷
		绿色项目集合融资 绿色供应链融资	可持续发展关联贷款
零售信贷产品		绿色按揭贷款 绿色信用卡	绿色消费贷款 低碳信用卡
投行产品		绿色/气候债券融资	绿色/碳资产证券化
金融市场产品		绿色/气候债券投资	绿色基金投资
存款产品		绿色存款	低碳结构性存款
租赁产品		绿色租赁	
理财产品		绿色理财	低碳理财

图3-11　可持续金融产品与服务体系

3) 借鉴赤道原则，打造先进的ESG风险管理体系

ESG实践的关键在于风险控制。随着世界经济向低碳转型，投资者和消费者对ESG相关问题日益关注，全球银行越来越多地将ESG因素纳入其风险管理的框架中。赤道原则是一套非官方规定的，由世界主要金融机构根据国际金融公司的环境和社会政策和指南制定的，旨在用于确定、评估和管理项目融资过程中所涉及环境和社会风险的自愿性原则。参照该原则，商业银行需要建立从决策到执行、从制度到流程、从能力建设到信息披露等全面的环境与风险管理体系，并依托该体系经营绿色金融业务。

4) 强化信息披露，构建特色ESG指标体系

信息披露水平将决定商业银行ESG战略的成败，虽然近年来各大银行陆续发布了社会责任治理报告，但当前中国的银行机构在ESG信息披露水平方面与发达国家金融同业相比还存在一定差距。

在ESG披露指标上，商业银行需要参考世界主流的ESG指标，结合我国实际和各银行特点设计披露指标，发挥ESG对全行经营管理的导向作用。

金融机构在绿色数字技术的应用领域上，主要聚焦三个方面。其一，利用金融科技提升环境风险识别能力，实现对绿色信贷、绿色债券投向的跟踪，帮助降低"洗绿"风险；其二，实现环境风险建模及智能定价，提升绿色金融业务的营销与定价能力；其三，建立绿色项目评级数据库和评级模型，提升绿色业务流程管理能力。

从业务实践来看，为落实国家碳达峰、碳中和目标，支持经济向绿色低碳转型，2021年5月29日，中国人民银行营业管理部设立"京绿通Ⅱ"专项再贴现产品，旨在发挥商业汇票在推动节能减排、发展清洁环保产业、解决突出环境问题等方面的支持作用。与一般再贴现工具相比，"京绿通Ⅱ"专项再贴现工具具有专项额度保障、名单制管理、流程优化和利率优惠的优势。

某银行结合自身"百票贴"产品的优势，率先响应政策，推出北京地区首笔"京绿通Ⅱ"专项再贴现产品，产品服务企业范围包括中国人民银行营业管理部绿色企业目录范围内的企业，以及中华人民共和国工业和信息化部披露的绿色工厂和绿色供应链管理示范企业。

从传统而言，小微企业在票据融资中有诸多不便，包括流程烦琐、所需资料多、流通难和贴现价格受歧视等问题，尤其是传统银行金融机构对于小微企业的票据接受度并不能很好地满足企业的实际需要。基于此，该银行"百票贴"创新"票据+供应链+互联网+再贴现"业务模式，通过金融科技手段，拓宽"三小一短"(即小企业持有、小银行承兑、小金额、短余期)票据的融资渠道。

"百票贴"采取可插拔的技术架构，可以灵活应对市场变化，通过轻量级的H5前端来触达客户；通过OCR技术识别客户信息，无须客户录入，自动结构化分词、存储，秒级即可完成，提升客户体验；通过链接进行实时视频核实，同时行内进行双录验证留档，实现跨越空间的"面对面"；依托其大数据体系，在对风险进行准确计量后，进行企业授信审批、票据甄别，防范风险。依托科技优势，"百票贴"产品具有四大特点：一是专注小票，金额灵活。针对很多银行不支持小额票据贴现的情况，该银行支持1000元以下的贴现面额，可以全面覆盖小微企业的电子银行承兑汇票。二是聚焦小微，价格普惠。该银行专注支持小微企业，贴现价格公开且年利率低，帮助企业以较低成本获得短期融通资金。三是线上操作，高效便捷。一次开通，长期有效，随时随地在线贴现，全流程线上化，免去传统贴现业务线下询价、签约等复杂程序，系统秒级审批，全天候支持0元～1000万元票据，资金快速到账。四是覆盖全面，广泛授信。"百票贴"业务针对国有银行、股份制银行、城商行、农商行、民营银行等各种类银行进行授信，票据承兑行范围广。截至2021年9月末，"百票贴"向22户绿色企业、213户科创企业和1588户民营企业共提供22444笔、累计总金额达64.09亿元的再贴现资金支持。

在未来，发展绿色金融将成为金融机构的必选项，围绕节能产业、资源循环利用产业、环保产业、水资源利用和保护、大气治理、固废处理、集中供热、绿色建筑等绿色经济的重点领域提供绿色综合化解决方案，助力各地区转型低碳绿色发展将是大势所趋。

绿色金融的数字化建设也将加速，各方将探索运用区块链、多方安全计算、联邦学习等技术，建立跨部门、跨区域、跨行业数据融合通道，进一步丰富和完善绿色信用信息体系。创新资源投入方式和渠道，以提升数字化、自动化、智能化为目标，推进绿色金融综合信息服务、碳金融产品交易、环境权益交易、抵押、质押登记、公示等信息基础设施建设。

三、产业嵌入、高效组合金融服务的数字交易银行

近年来，全球经济金融形式复杂多变，中国经济进入新常态，银行面临的内外部发展环境也发生了深刻变化。受行业风险加剧、资产质量承压、产能过剩企业经营困难、金融脱媒和利差下降持续加剧、互联网金融等新型金融业态快速增长等因素的影响，银行业的总体利润率下降，促使银行业加快战略转型。交易银行、资本市场和投行业务等正日益成为银行公司业务新的利润增长点，借力互联网信息化，难于标准化的对公业务也寻找到了柔性、定制化的方法和手段，稳步构建基于网络交易银行的金融生态。

纵观国内交易银行发展现状，可以说机遇与挑战并存。与国际化大型银行的交易业务相比，国内商业银行的交易银行还处于起步摸索阶段，仍存在许多制约因素。

在产品研发能力之外，交易银行业务的发展还需重点关注如何设立合理的管理架构，如何整合协同发展，如何获客、活客、黏

客，如何进行风险管控，如何实现综合定价，如何与信息科技和互联网融合等多方面的内容。本节将重点介绍我国交易银行在数字化时代下的主要发展方向，即打造产品工厂和构筑圈链金融模式。

（一）打造产品工厂，实现灵活组合

随着商业银行同质化竞争日益加剧及互联网巨头纷纷入场金融领域，企业客户对金融产品的灵活性、操作的便利性及用户体验的要求越来越高。如何打造让客户满意的产品、服务和系统，是商业银行讨论的热点。对标互联网金融产品的比较优势，商业银行的传统产品和服务需要提升接入其他金融产品的能力，提升客户洞察能力，以及对替代数据的应用能力，持续培育提供优质服务的能力。为弥补上述短板，打造核心竞争力，商业银行或积极自研产品创新，或寻求多方合作。受限于科技人才储备、技术迭代、机制构建等困难，部分商业银行倾向于与金融科技公司建立合作，共同探索产品优化之道。与金融科技公司合作一方面可以帮助银行重塑产品，提升线上化程度，降本增效；另一方面，能够使银行获取更加清晰的客户画像，更加准确地掌握客户所处的生命周期。同时，对于交易银行的供应链业务而言，商业银行可以充分利用供应链体系内沉淀的数据信息，通过数据获取、数据清洗、数据指标核算、风险评价等措施，建立完善实时数据风控模型，提升整体的数据化风险防控水平。

在数字化工具的建设方面，商业银行提出产品工厂的概念，指对产品的各种条件、规则等信息预先进行参数化定义，并按照其功能或特定服务进行组件化封装，再根据客户需求进行配置的一种创新模式。银行充分借鉴工厂化思路搭建产品工厂逻辑，通过产品建模，从银行整体视角形成产品分类结构、产品组件和产品条件。其中产品分类结构包含产品线、产品组、基础产品和可销售产品在内的产品目录，有助于产品需求的定位；产品组件、产品条件、产品条件参数的设定有利于产品差异的展示与甄别。当前，商业银行产品工厂的产品创新流程大致分为流程运行、需求分析、功能设计、成果适用及组织管理。流程运行支持开放式、标准化、模块化的创新流程设计，是产品工厂运行和维护灵活性和便利性的保障。需求分析是银行对外的触角，通过详细、深入的需求分析，可以帮助银行了解市场需求，深刻认识重点客户，定位具备价值的创新产品。在深入了解客户的真实需求后，功能设计将既符合内、外监管的约束，又能对技术、成本方面可操作的功能进行工厂化参数配置，实现快速产品创新。再经过可用性、适定性评价分析，在通过后实现正式上市。此外，产品工厂的顺利流转离不开组织建设和管理，因此，商业银行会同步设立灵活的、高效的组织架构去维护产品创新的流程运行并管理其组件。

产品工厂为产品创新提供了端到端、一体化的解决方案，支持产品参数的分类管理和统一维护，为银行快速响应客户差异化需求提供了坚实的技术基础。

产品中台是商业银行在数字化产品能力升级中的另一项实践。中台是企业级能力的复用平台，是基于企业资源整合需求通过模式、组织、IT架构等多重变革而形成的复用能力。商业银行通过产品中台的搭建，大幅提升客户需求响应效能。在银行业务应用中，产品中台频繁地出现于供应链金融领域。

供应链金融领域的一个痛点是业务非标准化。由于企业所处行业、地位、贸易周期、对手方均不同，其在供应链金融上的表现可能都是差异化的，导致银行面对不同的行业项目时，往往需要重新研发以适应业务实际。而银行内部资源紧张，很难支持此类开发迭代。金融科技公司通过产品中台，将产品抽象出共性的标准化模块，打造组件化产品交付物，迅速完成产品底层80%的组合，并针对20%的业务特性需求进行封闭开发，从而达到快速研发部署上线，并可以针对产品的错误模块定向进行迭代升级。

（二）筑建圈链金融、提高竞争实力

传统银行与企业、个人、政府间一对一的合作模式长期存在，各方共同选择适合的合作点，共享资源，共同成长。随着数字化时代的到来，互联网金融给传统金融带来一定的示范效应和"鲶鱼效应"，商业银行不再仅仅停留于银行与企业、个人、政府间的一对一合作，而是为了追求全新的链与块合并成的网状式的场景生态建设，主动应对市场竞争。

1. 跨业态合作

通过对商业银行跨业态合作发展对象的比较分析，我们可以将其划分为以下几类机构：非银金融机构、金融科技公司、核心企业及其链属企业、政府及社会民生类机构等。

实践中，商业银行聚焦场景、产业互联网或者产业链间的跨链协作。其覆盖企业业务(营销、客服、产品)、数据、风控、科技等各个维度，通过全方位的合作打通每个链条与链条间的壁垒，真正形成全新的数字化产业生态。商业银行一方面致力于深入挖掘核心技术的应用场景，实现已有产品的数字化创新、端对端业务流程改造及全渠道信息融合互补；另一方面探索数字化、开放化的商业模式变革，推动平台化、场景化金融服务模式，提升盈利水平。

1) 业务层面合作

不同业态的商业模式、经营手段、客户覆盖等方面均不同，商业银行通过跨业态合作，打造共享平台，构建生态圈，为客户提供一站式服务，提升客户体验。

在业务层面的合作主要是围绕客户经营、产品设计等方面进行创新与变革。在客户经营层面，银行可以通过合作为客户构建一个与其深度交互的场景平台。银行利用大量金融行为数据进行合理的风险定价，继而优化金融服务，同时金融科技公司可以提供新兴技术助力提升银行的数据存储和高计算要求的数据中台能力，构建用户经营的数字化能力，进行差异化营销与精细化用户管理。在产品设计方面，银行不仅仅可以提供金融产品，通过科技应用还可以打造一体化综合金融服务。银行一方面评估客户的金融需求、资产状况和风险承受能力等因素，金融科技公司亦可通过大数据分析客户的个性化风险偏好，建立算法模型制定更具个性化的金融产品服务方案。银行与金融科技公司的合作有助于将金融服务开放依附于各跨业态场景中，共同发展创新更多元的金融服务。

2) 数据层面合作

在跨业态合作的模式下，数据交流和共享是推动业务创新的重要因素。银行与合作方共同挖掘数据的价值，为发展和优化跨业态合作提供支撑。在开展跨业态合作之前，商业银行的业态是一个相对的闭环，银行拥有客户的账户、交易、资金相关数据，这些信息是在互联网金融兴起、第三方支付公司出现前，其他任何业态均不具备的商业银行独有的优势。银行打破自身的封闭结构后，与合作方可以在渠道、场景、产品、客户、信用和风险等各方面进行数据融合与应用，丰富数据来源；同时，银行将独立数据库扩展为共享数据库，在数据更全面的基础上，利用大数据技术对各方面数据进行分析，加深对客户的理解，如通过财务与经营数据交互验证确定高效的客户触达渠道，比对不同场景内的用户活跃度，推广表现强劲的产品，同时改进表现低迷的产品，形成更精准的用户分析，推出个性化产品，全面提升风险管理、客户画像和精准营销水平。在跨业态合作中，大数据将应用于更加全面的风险管理、个性化服务、产品设计、业务决策等方面，通过持续发掘跨业态合作中有价值的信息，不断深化对于市场的理解，提高效率和产能。

3) 风控层面合作

首先，跨业态合作下的风控合作强调对不同业态的风险进行联合、实时控制，从而实现多维度综合评估，获取更精准的评估结果；其次，跨业态合作推动技术交流，合作方之间共享风险控制技术和经验，互相补充和引进，提高风险控制能力。成熟的数据共享模式可以推动更高层面的风控合作，实现实时监控和分析，更高效地对潜在风险进行预警。先进的科学技术也为现代风险控制系统提供了支撑，例如大数据、云计算和人工智能等技术在风控层面的运用能进一步为跨业态合作提供安全保障，降低合作中的风险问题。

在前端，金融科技公司为银行提供横向和纵向的多维数据，对客户进行评级和业务判断，提升细分精度，从过往封闭的主观判断和经验应用转为机器学习和数据分析为导向的智能风控决策。在中端，银行可依托科技手段，进行实时动态跟踪评估风险，纠正客户分析偏离度。在后端，通过反欺诈等技术手段，依托搭建集成式平台，实现前、中、后台的风控流程整合。

4) 科技层面合作

科技层面的合作主要体现在共享和创新两个方面。一方面，合作是交流互补的机会。近年来银行业开始大规模运用数字化技术，银行在数字化技术方面的运用相较教育、医疗等业态较为成熟，但相比电商、社交和娱乐休闲等数字化领先业态仍存在一定差距，因此科技合作可以实现合作方之间科技能力的交流和互补，提升数字化能力较弱一方的科技能力。另一方面，跨业态合作打破了企业与企业、业态与业态间的壁垒，业态交流促进了科技的融合与创新。例如，金融企业和非金融企业应共同探索如何跨业态运用科技技术，根据跨业态的需求对现有技术进行调整和优化，提升在实际场景中的适配性和兼容性，体现科技技术合作在跨业态模式中的价值。

商业银行跨业态合作内容是全方位的，业务、数据、风控、科技不断延展至客户、场景、营销、智能客服、财资管理等各个细分领域。这依赖于数字化时代技术的进步、安全措施的升级、开放的思维及商业模式的变革。同时，在繁杂的、多个不同业态交织的新生态中，商业银行必须找准自己在其中的定位，才能洞悉先机，实现与新生态共赢共生。

2. 产业链金融

产业链金融是以产业互联网为主要服务对象，通过云计算、数据处理、OCR识别验真等技术手段还原产业链中各企业的复杂交易关系，并基于交易关系综合评估企业经营情况以提供金融服务的业务模式，融资是其中最为主要的功能。

产业链金融的融资功能在一定程度上弱化了主体信用，授信主要基于交易信用，侧重提升交易关系真实性来优化授信模式，通常通过交易数据的智能识别和交叉验证实现此目标。交易信用以企业交易数据为主要核心数据，从流动性、周转能力等短期还款能力角度及交易历史记录分析企业信用。交易记录越完善，交易模式越安全，则企业的交易信用越好。

以汽车产业链为例，ZX银行、BX银行和百度协作探索产业链内部整合路径。首先是B、C端联动服务全产业链，以B端贷款为切入点，广泛连接主机厂商、经销商等，打造"AI车联盟"汽车金融生态圈，以B端带动C端，广泛获取C端客户，提供车贷为主的金融服务。其次是一站式金融产品服务及增值服务联动。最后是面向未来的新金融模式探索。ZX银行重点服务于传统汽车产业链上下游，并逐步向新兴汽车产业链上游转移；百度作为科技企业，重点服务于新兴汽车产业链下游，包括数据与智能网联、按需出行等；BX银行作为金融及科技企业，重点服务于传统汽车产业链中游和新兴汽车产业链中下游，包括新车和二手车购车金融、智能账户及金融等。

ZX银行围绕汽车产业链，尤其是中上游核心企业的金融需求，整合支付结算、贸易融资、现金管理、资产托管四大服务领域，提出了"交易+"服务品牌，进一步满足汽车行业零部件供应商、整车主机厂、经销商及后市场服务商的各项金融需求。

BX银行作为首家国有控股的互联网银行，致力于用AI加速金融数字化、普惠化，倾力打造"智能汽车银行AI AUTOBANK"，形成智能风控、智能运营、智能账户体系，构建B、C端联动的一体化综合服务平台，解决传统汽车金融存在资源分散、公私分离、区域限制、银行机构无法有效触达下沉消费场景和客群的痛点。利用科技、数据赋能，实现全流程线上化、高效、轻量化运营。在新兴汽车产业链领域，BX银行积极布局汽车服务支付账户体系，为新兴产业链上下游B端提供信贷服务，为Apollo自动驾驶消费者C端提供消费分期，为销售服务提供C端汽车金融服务。

四、敏捷与自主可控的数字支撑体系

数字化转型是一个新的战略高地和发展趋势，银行高层需要具备开放性的战略思维，突破传统思维定式，多视角、全方位地看待数字化转型，主动拥抱新的变革，主动实施战略部署，并在全行层面驱动业务单元、前、中、后台各个层面、各个层次的全面思维的转型。但同时，数字化转型是一项长期的系统性工程，而全面的数字化转型离不开系统的支持。当前系统建设的方向一方面集中在对现有系统的梳理、统一建设与优化，另一方面是对人工智能平台、云平台、数据中台等先进理念的探索。而新建领先水平的技术平台又面临成本压力，在敏捷性方面与全面数字化转型的要求相差甚远。本节聚焦于敏捷与自主可控的数字支撑体系这一数字化转型的重要底座。

（一）改进配套机制，探索架构转型

1. 打造双速IT开发模式

在满足系统稳定和业务合规要求的前提下，可探索搭建支持前台快速迭代的开发系统与后台集中交易系统并行运行的敏捷IT开发模式，实现前台业务系统的持续交付和快速上线，响应客户的个性化需求，同时实现后台系统的快速修正、持续整合和模块化开发。特别是对于核心系统集中的商业银行，可充分借鉴双速IT开发模式，提升零售等业务的开发与迭代效率，更好地满足客户的个性化需求。

2. 构建中台能力

可按照"大中台、小应用"思路，采用分布式架构，融合大数据、人工智能等技术，将虚拟机容器云、微服务框架、传统中间件、分布式数据库等复杂的基础设施进行整合和包装，过滤技术细节，构建基础设施即服务(Infrastructure as a Service，IaaS)、平台即服务(Platform as a Service，PaaS)、数据即服务(Data as a Service，DaaS)、软件即服务(SaaS)等智能架构体系，向外提供简单一致、易于使用的应用技术基础设施服务。

近年来，某银行不断探索安全可控的信息技术在银行业的应用，通过大量的自主研发投入，最终完全采用开放式的x86搭建起国内第一个基于安全可控和云计算开源技术的分布式银行系统架构。该银行采用"分布式松耦合、一主多从、多副本强一致"的系统架构设计思路：一是系统风险分散，即在集中式松耦合架构的基础之上，横向切分集群，每个节点以客户为单位，部署用于支撑该客群的全部应用系统并拥有一个客户的所有数据，形成由多个可扩展的标准化客户处理节点构成的分布式松耦合架构。二是规避CAP理论(即Consistency(一致性)、Availability(可用性)、Partition Tolerance(分区容错性))对分布式多主节点架构的限制，将多主节点架构降级为单主、多副本的模式。所有副本之间实现数据的强同步，但仅由一个主副本对外提供全面的读写服务，其余从副本只提供有限的读服务或者不提供服务。三是通过分布式架构降低单集群负载要求后，通过增加集群数量实现架构整体的高性能。

3. 构建开放互联的架构服务体系

可充分考虑未来金融生态化的发展趋势，将场景金融融入互联网生态，建立账户、产品、支付等多种类型的跨界合作平台，通过提供API、SDK等方式，为与科技公司合作打下坚实的平台基础。

近年来，某银行以"数据驱动、移动为先、开放互联、跨界融合"为核心内涵，全面推进数字化转型进程，加快金融科技创新，着力提升科技引领与创新驱动能力，推动银行朝着智能化、场景化、生态化的方向发展。搭建金融私有云平台体系，利用云平台为IT基础设施、分布式架构、微服务平台等提供支持，有效整合银行IT基础及数据资源。建立敏捷的双模IT科技开发模式，将传统业务系统与产品剥离，实现系统具体功能解耦处理，建立起开放性、兼容性、迭代性更强的"平台+功能"的分布式、微服务架构模式，其中底层功能相对稳定，采用传统瀑布式开发，应用层通过通用系统接口，采用快速迭代开发方式。通过第三方合作或API、SDK等方式输出，开放银行合作能力，基于直销银行的账户及产品服务体系，在金融产品、支付结算、网络贷款等方面实现直销银行与生活化互联网平台协同合作，开拓生活场景合作新模式；输出支付结算、贷款产品及服务等方面的能力和经验，根据行业经营场景衍生出更多的互联网服务形态及线上支付结算需求，为不同行业和客群提供场景服务模式。

（二）提升组织敏捷，培养数字化人才

1. 调整组织架构，建设敏捷组织

1) 设立独立运营的子公司

国有大型商业银行、股份制商业银行和部分实力较强的城市商业银行可以考虑申请设立金融科技子公司或者直销银行子公司，以独立于现有管理体系的方式运营，作为金融科技创新业务的推进者和银行数字化转型的排头兵，如表3-4所示。

表3-4　我国商业银行金融科技子公司情况

银行	金融科技子公司	成立时间	主要业务
兴业银行	兴业数金	2015年12月	为中小银行、非银行金融机构、中小企业提供全方位的金融信息云服务；打造开放银行平台，成为银行端和客户端的连接器；为兴业银行提供信息科技支持

续表

银行	金融科技子公司	成立时间	主要业务
招商银行	招银云创	2016年2月	作为招商银行的科技输出平台，将招商银行积累的零售能力、交易银行、消费金融及金融IT解决方案输出给同业，同时服务招商集团
光大银行	光大科技	2016年12月	定位于提供大数据、云计算、人工智能、区块链等新技术创新应用的金融科技企业，立足于光大集团，在产品创新、服务创新、机制创新等方面与集团、银行及其下属企业充分合作
建设银行	建信金科	2018年4月	提供软件科技、平台运营及金融信息等服务，以服务建行集团及所属子公司为主，并开展科技创新能力对外输出
民生银行	民生科技	2018年5月	通过大数据、云计算、人工智能、区块链等科技创新为集团内部、金融联盟成员、中小银行、民营企业、互联网用户提供数字化、智能化的科技金融综合服务
北京银行	北银科技	2018年8月	服务于具备大数据、人工智能、云计算、区块链、物联网等新技术创新与金融科技应用的科技企业，为北京银行内部和其他中小银行、中小企业输出科技创新产品和技术服务
工商银行	工银科技	2019年5月	为行业用户、政务服务等提供"金融+IT"一揽子解决方案。面向集团及第三方的SaaS服务建设者提供运营支持服务。向金融同业、行业用户输出集团成熟的业务系统及产品化技术创新平台等
中国银行	中银金科	2019年6月	开展集团内金融科技服务、外部金融科技服务、基础技术研究、金融云服务、其他行业云服务及金融科技资源整合等六大主营业务，搭建应用场景、输出金融科技能力等

2) 建设敏捷组织

可在银行内部成立一个独立于各业务条线和部门的敏捷实验组，不断吸纳数字化人才，在银行确定的重点领域，探索以内部创业的方式实验新技术应用，培育新业务模式。可将试点成功的敏捷实验组在全行推广，除保留稳定的顶层结构之外，可根据业务流程建立敏捷团队，用灵活的敏捷团队网络替代旧的层级结构，最终形成基于端到端流程的稳定团队，在团队间按产品领域分配资源，在团队内用最小可用产品(Minimum Viable Product，MVP)的预算管理方式调配资源。

自2014年起，某银行就为建立直销银行打下了基础，将网络金融部门从二级部门提升到一级部门，随后又发展为直销银行事业部，并积极推动直销银行"准法人"组织改革，将其定位成为纯自营的事业部，负责金融科技创新业务。

在业务条线协同方面，该银行总行会同相关部门积极推动总、分行之间的业务系统关系，为业务线条建立了协同的发展机制，制定了总、分行合作的营销规则，针对B2C和B2B等不同合作模式确立不同的分润模式。在人员编制方面，以"总量控制、动态调整"为原则，在基本支持团队配置充分的情况下，根据业务制定人员引进目标。制定灵活的人员引进与退出机制，配套多种不同的用工形式，实现以业绩为导向的激励机制。此外，该银行还建立了与金融科技相匹配的组织结构，制定了敏捷的组织架构调整规则。

2. 建设数字化转型团队，优化人才管理机制

1) 设立研究团队支持战略决策

可从银行外部引入数字化转型专家人才，在内部抽调业务和技术骨干，组建数字化转型战略研究团队，为战略制定者提供信息资源，为战略执行者提供实践指导。可在研究团队的基础上组建战略

管控团队，收集内外部战略执行的信息反馈，并根据反馈情况及时为战略决策者提供战略调整意见和建议。

2) 优化人才队伍

可加强对复合型技术、分布式架构技术等创新性人才的招募力度，提高技术人才在总体人才中的占比和地位。加强分支机构技术人才的储备，重要的分支机构应设立专门的技术部门，提升分支机构的技术保障能力。

某银行坚持技术立行，由算法科学家、IT工程师组成的科技人才占比超过70%。在人才结构上，积极招聘来自摩根大通、谷歌、阿里巴巴、百度、腾讯、京东等公司的网络架构师、大数据建模分析师、反欺诈研发工程师，对标互联网科技公司的人才结构。在组织架构上，传统银行"总—分—支"三级结构形成的金字塔型组织结构在一定程度上存在管理环节多、运作效率不高等问题，该银行自成立伊始就致力于打破传统组织架构，化繁为简，确保组织扁平化管理，从根本上提升银行的运转效率。与传统银行有30多个一级部门的架构不同，该银行的组织架构更加精简，目前仅有20个一级部门，并视业务运作情况成立专业小组进行灵活工作。此组织架构有利于减少审批的中间层级，快速试错迭代更新，可以根据市场情况迅速、灵活调整工作模式。

3) 创新人才管理机制

探索在信息技术等部门设置专业的HRBP(Human Resource Business Partner，人力资源业务合作伙伴)，赋予HRBP根据需求快速招聘人才的权力，最终以能力匹配和文化匹配的二维要求引进合格的数字化人才。可考虑在传统的行政职位体系的基础上，开辟一条非管理类的技术职称体系，并为优秀技术人才提供快速晋升渠道，通过轮岗的方式让数字化人才快速适应商业银行业务与技术环境。

3. 深化数字银行文化

文化的作用在任何情景中都不应被低估，这对于商业银行的数字化转型同样适用，具体要点如下。

(1) 隔离创新业绩。可通过隔离业绩考核的方式，比如将创新失败的业绩从创新基金等专门的薪酬池中扣除，不影响正常业务的绩效薪酬，从而实现对创新试错的鼓励。

(2) 构建创新试错空间。可探索建立创新实验室，定期举办创新比赛、创新沙龙、创新培训等活动，为创新技术试验划拨独立预算并搭建独立的测试环境。

(3) 创新绩效评估方式。银行不应局限于静态考核机制，可探索以鼓励创新为导向的目标与关键成果(OKR)考核机制，或以战略目标为聚焦的平衡计分卡(Balanced Score Card，BSC)考核机制，也可尝试将多种考核机制混合使用。比如，采用BSC描绘组织中长期战略，用关键绩效指标(Key Performance Indicator，KPI)建立状态指标，监控运营状态并考核业绩，用OKR给每一位员工设定过程目标。

第四章

价值释放：商业银行数字化转型战略重点与实施路径

基于国内外优秀银行的实践，结合当前数字化转型的发展趋势，商业银行在发挥自身优势的同时，尤其注重根据自身资源和能力及战略发展定位各自抉择，或进行全面统一建设，或选择重点方向各个击破。本章从客户经营、渠道与生态、产品创新、运营、风控、合规6个维度，总结出商业银行数字化建设6项重点能力，包括数字化客户经营能力、数字化渠道与生态能力、数字化产品创新能力、数字化运营能力、数字化风控能力及数字化合规能力，如图4-1所示。

图4-1　数字化转型重点

一、数字化客户经营

纵观近几年商业银行数字化实践，大部分机构尚未形成数据驱动的决策与运营模式，对数据价值的发现停留在客户画像、精准营销等分析层面，尚未利用数据进行价值创造、推动业务改进和创新。部分中小银行虽然基本实现数据的初步自动化处理，但在数据智能分析方面依然需要提升，同时数据的应用场景相对狭窄，目前数据分析的结果主要应用于信贷类业务，在财富管理、金融市场等方面仍需加强应用。

（一）数字化用户体验

"十四五"时期，金融服务需遵循高质量发展的相关要求，在数字化、智能化、信息化蓬勃发展的数字经济时代，数据资产成为商业银行的重要战略资源。在营销层面，面对差异化的客户需求，传统单一的产品和服务已不能适应客户日益丰富、多元的个性化需求。银行应更加深入、广泛地接触客户、了解客户，并差异化分析客户，从而对已有资源进行更加合理、多元的配置，让有限的产品和资源能够满足需求各异的客户，使服务更加有效。下面将从客户数据管理，标签管理和营销管理来阐述数字化时代下如何提升客户体验。优化的建议具体如下。

1. 客户数据管理

可通过客户基本数据、电子银行行为数据、第三方客户行为偏好数据等，建立客户全景视图。从各方获取源数据后，应用数据仓库工具对数据进行整理和归集；然后根据业务规则对数据进行标签化，从而形成客户标签体系。为了对数据进行持续丰富，拓展客户标签数据源，应用大数据挖掘技术，针对客户进行分析和预测，除了可以在客户画像中应用客户标签进行产品匹配、风险匹配等，在业务模型和风控模型中也可以加入标签数据辅助分析决策并反哺优化客户标签。

2. 客户标签管理

通过归集多方数据，结合大数据分析的方法，对客户数据进行特征及行为分析。同时基于客户的基本信息、客户的行为信息、第三方信息、客户的推荐信息等形成客户标签体系，基于全局的营销管理流程形成营销体系，基于客户事件提醒形成事件提醒体系，以此来指导营销人员的日常营销工作，并对客户潜在价值进行挖掘和提升。

3. 客户营销管理

通过搭建全局营销活动管理平台，统筹管理现有的营销团队资源，实现高效营销。基于庞大的客户资源优势，打通不同业务之间的客户信息屏障，实现跨界经营、交叉营销的第一步，提升客户转化率和客户价值。

（二）数字化客户洞察

未来银行的业务形态也将区别于传统运营模式下的业务，由开放合作而呈现独有的特点。一是业务平台化，银行以客户为中心将业务平台化，基于开放技术搭建开放平台，整合多方产品和服务于同一平台，打通银行、合作方和客户之间的闭环，形成金融、场景和客户相融合的业务新模式；二是服务体验无痕化、无边界化，银行业务将突破现有边界持续延伸，以各种形式出现在每个客户触点，使客户体验到全方位、一体化的产品服务方案；三是产品服务个性化，基于客户不同的偏好和诉求，以个性化定制产品服务取代传统大众产品服务，通过提高客户体验增加客户黏性，加强银行竞争优势。跨业态合作是未来银行发展的趋势，与数字化技术一同推动金融行业的转型步伐。其中优化建议具体如下。

1. 流程再造

可考虑设置临时的业务流程管理部门，推动各业务条线流程的整合，最终建立以客户为中心的端到端的流程体系，并将流程管理常态化。可探索推进运营管理、支持保障和监督评价流程再造，实现前、中、后台互相分离又无缝连接的运营体系。

2. 建立服务反馈机制

可建立全流程客户投诉制度，对产品和流程服务进行反馈，了解客户的真实情况。建立与企业财务指标相联系的客户体验指标，将日常的客观运营指标与每个客户旅程紧密相连，并根据反馈意见改善运营情况。

3. 建立统一客户视图

可采集客户身份、资产状况等静态信息，以及消费、渠道偏好、交易信息等动态信息，全面掌握客户资产状况、消费习惯、风险偏好、信用状况等，为精准营销、业务处理、风险识别和信用服务提供数据储备。

二、数字化渠道与生态

调研发现，部分商业银行现有系统的数据接受能力的和处理能力存在不足，现有的数据基础设施难以应付互联网平台产生的庞大的数据流量。部分银行尚未建立端到端的业务流程，在对接第三方客户流量时难以进行有效转化。并且生态圈价值定位不清晰，部分银行对自身核心客群、业务优势、运营能力的定位不够准确，对行业前景、市场规模与需求痛点不够了解，难以找到适合自身的生态圈模式与行业机会，或者在生态圈合作中处于弱势地位，数字化渠道和生态建设成为当务之急。

（一）数字化渠道[①]

1. 传统渠道数字化

从实践看，大部分商业银行已在物理网点推进数字化转型。以四大行为例，网点硬件基本完成全面智能化改造，智能化网点覆盖率已接近100%。以智能服务区为核心，全面优化升级综合服务区、营销服务区、自助服务区、高柜服务区等分区体验功能。与此同时，数字化转型贯通银行前、中、后台系统和服务渠道，整合服务资源，极大地扩容了网点功能，使物理网点通过数字手段与线上渠道、开放银行渠道联通，实现线上与线下有机融合。

2. 数字渠道开放化

银行正在以更开放的态度深度融入外部场景，积极打造开放银行。通过多种方式对外部场景开放金融服务，实现产品、服务及业务模式的创新，为客户提供便利、丰富的金融服务。比如，个人客户开户、账户、支付、缴费等功能开放给第三方场景，通过交易银行开放给企业客户等，围绕企业客户产业链，丰富票据、担保、融资、收付等金融服务。

3. 渠道体系生态化

商业银行本着"客户在哪里，服务就在哪里"的原则，整合自

_____

[①] 刘银行. 数字化进程中商业银行全渠道协同策略研究 [J]. 现代金融导刊，2021(07)：52-56.

有的物理网点、线上渠道、远程银行等渠道资源，以更加开放融合的态度加快与主流线上流量入口平台的合作，以缴费、支付结算业务为切入点，加大消费场景拓展力度，联动"三农"、城市和跨境场景，促进金融场景和消费生态、政务生态、产业链生态等多种生态体系的深度融合，构建渠道与平台有机联动的金融服务生态。

4. 渠道供给协同化

从整个金融服务的生态体系与供给方式看，商业银行更加注重多种渠道的协同，根据不同类型客户的金融服务需求、产品和服务特点、渠道功能等情况，通过大数据、人工智能等技术手段，采取精准营销、精准服务的方式，实现客户、产品和服务、渠道三者之间的有效匹配，为客户提供有价值、便捷、高效、安全的适配性产品和服务，满足客户的金融需求。

5. 渠道服务体验化

在数字化时代，体验感变得比以往任何时候都更加重要，体验经济成为新需求。商业银行应当积极转变观念，以客户为中心，更加注重通过全渠道协同服务，提升客户体验感。尤其是建立客户体验监测指标体系，加强客户在不同渠道的体验管理，积极地将客户的体验数据反馈至渠道端，进行渠道分配模型优化与渠道服务改进。

（二）数字化生态

1. 明确价值定位，深化跨界合作

1) 准确定位

可以从核心客群、业务优势和运营能力等方面明确自身的能力优势。组织战略研究团队深入研究生态圈所要涉足的行业，综合判断行业前景、市场规模和需求痛点，选择切入的生态圈行业领域，并明确生态圈的价值定位，改变以往以产品为中心的经营模式，着重在生态圈中全方位地满足客户需求。

2) 找准合作模式

可选择自建、股权投资、合作加盟等方式建立生态圈。综合能力较强的银行可借助银行或所属集团的产业布局和网点渠道，打造覆盖多个行业的生态系统，掌控流量入口与业务场景。资本规模充足的银行可通过股权投资场景公司，与其建立共进退的战略合作关系，贯彻银行的生态圈战略意图。中小银行可参与到互联网平台主导的生态圈中，根据自身优势在细分领域获取流量，为生态圈参与方合作提供服务。

3) 深化跨界合作

在依法、合规的前提下，可通过API接口将有关数据开放给已获得授权的金融科技公司，借助人工智能、物联网等技术提升客户服务效率与产品体验，同时也可搭建自己的API平台，通过开发API接口的方式将银行的信贷评估、资产管理、支付交易等核心业务能力开放给合作伙伴，共同探索联名账户、零售银行、电子支付、消费金融、企业信贷、资产管理、智能理财等领域的合作，直接对接客户需求。

2. 选择场景切入，满足用户需求

1) 切入消费场景

可嵌入消费者"衣、食、住、行、玩"等各方面需求场景中，与潮流搭配、外卖点评、租房酒店、出行旅游、票务活动等各类应用平台合作，根据用户个性化需求提供主题或定制化信用卡产品与消费分期服务。在汽车金融方面，可嵌入到购车、置换车、二手车等消费场景中，与汽车销售、汽车维修等应用平台合作，提供贷款、理财等产品。

2) 切入生活场景

可与地方政府机构强化合作，打通生活缴费和政务融资渠道，为地方客户提供具有本地特色的金融服务。可与公共交通、高速公路等出行机构合作，为客户提供公交充值、二维码过闸、ETC速通等出行支付服务。可与学校合作，搭建校园缴费、一卡通、助学贷款、教职工贷款等综合服务平台，为学生和教职工提供全方位的校园金融服务。可与园区物业、管委会合作，提供物业缴费、周边便利等便民金融服务。

3) 切入生产经营场景

可紧密结合企业发展生命周期，与孵化器、电子商务、人力资源、会计账务、客户管理、咨询服务等平台合作，为中小企业提供银行账户快速注册、创业贷款、薪酬支付、自动缴税、发票处理、账款管理、融资租赁等金融服务。可切入供应链场景中，与上下游核心企业、采购交易平台等合作，使用区块链等新兴技术将供应商、供应链管理企业和零售企业的交易流程线上化，打造供应链金融生态。

三、数字化产品创新

部分银行以客户为中心的理念尚未完全建立，缺乏实际行动。有些银行在开展网点改造、产品设计、服务运营时缺乏市场调研和客户需求分析，即使对线下与线上的渠道和服务进行了数字化、智能化改造，但仍需要一定的磨合适应时间。银行可从产品研发、获客渠道和交易处理效率等方面进行升级，以客户为中心，提升客户体验，如图4-2所示。

图4-2　数字化产品创新

（一）数字化产品研发管理

1. 建立敏捷产品研发机制

可探索将技术与业务融合，建设集业务人员、产品经理、应用架构师、开发测试人员等为一体的组织团队，借鉴互联网产品开发思路，通过市场调研、大数据技术等手段分析客户需求，在安全合规的前提下，探索建立试错、容错的创新孵化机制，在细分客户群测试最小可用产品(MVP)，不断反馈迭代。

2. 建立企业级产品目录

可建立统一适用的产品分级管理目录，对产品进行分类、分级管理，形成产品画像，加强产品风险管理和客户需求分析，以便银行基于产品目录和客户标签精准匹配客户，为客户提供精细化和定制化服务。

3. 推出特色化和差异化产品

可围绕年龄、收入、金融资产等多个维度对客户进行分析，推出精细化、定制化产品。部分银行尤其是中小银行可结合地方产业特点和消费需求，围绕农业、旅游、教育等产业的特点，推出与客户生活紧密相关的产品和服务，打造立足于本地的特色化产品。

（二）数字化多元获客渠道

1. 建立特色化线下网点

可根据自身情况及经营地域产业特色，明确网点定位和发展方向，避免大而全的粗放式建设模式，以代发工资、私人理财、消费贷款、惠农贷款等业务为突破口，在品牌建设和营销活动上投入资源，吸引本地客群，着力打造满足当地需求和业务发展的社区网点、专业化网点等新型网点。

2. 推动线下网点转型升级

可加强人脸识别、指纹识别、语音助理等技术应用，增加配备自动柜员机、视频互动等终端设备，推进智能型、科技型网点建设，提升客户数字化交互体验和服务质效，在服务过程中抓取客户行为数据进行精准营销，提升客户黏性。

3. 打造综合性手机银行平台

可建立基于场景的开放式、全流程手机综合金融服务平台，将金融服务融入出行、缴费、社保等生活场景。探索建立"一网通"模式，打破银行间壁垒，支持多家银行借记卡和信用卡接入，建立可供用户管理名下所有银行卡的综合平台。

4. 完善网上银行、微信银行等线上渠道

可引入指纹登录、智能识别等功能，丰富完善网上银行、微信银行、互联网平台等轻型化的线上渠道功能，提升交互设计和服

务效率，利用数字技术加强对社交活动等行为数据的分析，通过推送资产管理、投资理财、信用借贷等个性化服务进行精准营销。

（三）数字化高效交易处理

1. 推动数字技术在关键业务环节的创新应用

比如，银行可探索将大数据技术应用在信用评估、反欺诈、风险管理等领域，将人工智能技术应用于智能客服、智能投顾等领域，将区块链技术应用在供应链金融、贸易金融、跨境结算等领域。

2. 有效应对高并发问题

如针对"双十一"等促销活动中的高并发交易情况，在技术层面通过升级支付系统架构、设置备用服务器等方式设立专门的应对举措。可建立监测系统，保证实时监测数据并预测故障，在支付系统中加上预警机制，自动处理简单故障。可制定应急预案，并建立善后处理机制，如增加触发自动控制汇款金额功能，以应对支付系统汇款扣款失败的问题。

四、数字化运营[①]

随着商业银行盈利能力的不断承压，尤其是面对日趋严峻的外

---

① 毛群，刘艳妮. 商业银行数字运营体系构建的思考与实践 [J]. 现代金融导刊，2021(5)：6.

部挑战时，仅依靠业务数字化创新已不能保持银行持久的竞争优势，还需要完善智慧高效、稳健共享的大运营平台。

在金融科技爆发式增长的背景下，技术赋能银行运营向自动化、数字化、平台化和智能化发展，构建"智慧运营体系"成为诸多银行突围而出的翻盘利器。有别于依赖于人工操作的传统运营模式，智慧运营模式借助于技术创新，提升信息分析的数据化、作业处理的自动化、作业交付的线上化能力。通过建立全行共享化平台和线上与线下的协同，实现全渠道交付体验，使得银行在迅速变化的外部环境中保持柔性动态的发展。

而数字化运营体系是对传统运营体系的颠覆和重构，是商业银行实施数字化转型的基础性工程，应围绕业务流程建设、网点运营服务、后台集约运营、现金营运管理、运营风险管控等核心领域，开展应用体系规划、布局实施、规范管理等工作，实现客户体验升级、资源配置优化、网点深度转型，增强竞争能力。

（一）业务流程线上化

商业银行历来重视渠道建设和客户体验，多家同业纷纷实施了组合服务流程改革、双屏交互模式构建、业务信息无纸化等一系列的流程改造，但其主要集中于柜面渠道。随着移动互联时代客户的交易习惯改变和需求升级，应对传统业务流程进行根本性的再思考和彻底性的再设计，立足业务流程"端到端"的视角，运用服务导向构件化流程建设的方法，全面构建面向全客户、支持全业务、覆盖全渠道的线上与线下一体化的运营服务流程。

（二）网点运营数字化

网点是商业银行经营管理的最基本单元和服务客户的最前沿阵地，是重要的基础性、战略性资源。在线上与线下一体化的运营模式下，网点的业务受理职能逐步通过客户自助的方式向线上渠道迁移，业务交互和操作交割环节逐步向后台中心转移，需要打造融客户识别引导、自助协助结合、远程运营支撑等为一体的全新网点运营服务模式，为到店客户提供差异化、互动式的线上与线下一体化的服务体验。

（三）后台运营集约化

我国商业银行的业务运营模式大体上经历过两次重大变革。第一次是在20世纪90年代的电算化，特别是综合业务处理系统的应用，使临柜业务劳动生产率得到了显著提升；第二次是电子银行业务的发展，促进临柜业务向自助设备、网上银行和电话银行等渠道分流。但是仍有大量业务流程复杂、耗时较长、风控要求较高的业务分散在网点处理，需要商业银行依托网络互联、影像传输和工作流等技术，对流程环节进行有效切分和分离处理，将分散在网点的各类业务后移至后台中心，实施集约化、工厂化、专业化处理。

（四）现金营运信息化

作为商业银行最传统的基础性业务，现金业务具有实物管理分散、流转环节多、人工操作多、技术防控应用难等特点。长期以来传统现金营运模式以手工作业为主，流程烦琐、手段落后、占用人力资源、影响员工体验。随着物联网、人工智能、大数据等技术的逐步成熟，亟须应用供应链管理理念，对实物物流活动实施信息化组织、智能化调配和系统化管控，推动实物流、信息流和资金流的高度融合，构建"智能化仓储、标准化封装、流水化分拣、自动化账务处理"的现金实物运营体系。

（五）风险监控智能化

面对内外部的风险冲击，传统运营风控体系基于交易监控和专家建模的方式，侧重于单点、单环节的风险信息识别，智能化程度低，精准性不足。顺应移动互联时代交易线上化的发展趋势，商业银行需要加快建设企业级统一风险监控平台，整合行内外风险信息数据，为每位客户构建唯一的风险视图，打造以客户为中心、覆盖线上和线下全渠道的风险过程控制体系。

五、数字化风控

部分银行尤其是中小银行对数字化风控的重视程度偏低，在对相关科技投入方面存在犹疑。部分银行数字化风控缺乏整体统一部署，技术应用主要聚焦在信用评估、反欺诈等贷前合规环节，贷中、贷后的数字技术部署相对欠缺。同时在数字化科技创新的大环境下，银行需要重视数字化转型所带来的新风险并建立适应当前数字化环境的风险管理体系。

（一）完善内部机制

可发挥综合优势，将开放银行平台、生态合作、数据治理等方面提升至全行高度，设定数字化运营指标，采用目标导向型考核机制，将战略目标进行分解。可考虑设置战略规划管理部门，对数字化转型战略执行情况进行跟踪监测，分析内外部环境变化带来的影响，并通过平衡计分卡等方式建立绩效评估体系。

（二）组织架构变革

规模较大的银行可考虑设立金融科技子公司、直销银行、数字银行部等组织形式探索推动组织架构变革，规模较小的银行可设立专门的数字化转型部门推动全行敏捷转型。可通过专业的人力资源业务合作伙伴(HRBP)等方式推动创新人才招募，采用目标与关键成果(OKR)、平衡计分卡(BSC)等考核机制推动创新绩效评估方式建立。可设立创新实验室，定期举办创新比赛、创新沙龙、创新培训等活动，为创新技术试验划拨独立预算并搭建独立测试环境，构建创新容错、试错空间，不断深化数字银行文化。

（三）打造综合性服务平台

可通过"一网通"模式打造综合性手机银行平台，提升综合服务能力，充分运用人工智能、大数据等技术，打造智能客服平台，提升客服智能化水平。可通过打造前、中、后台无缝链接的运营体系、建立集中运营中心等方式，提升综合运营能力。可考虑设立风控相关委员会、首席风控官，引入专门风控技术团队，建立完善的风控治理架构，并探索搭建风控中台，推进全流程风控转型。

（四）创新科技投入

具备实力的银行可加大创新技术投入，提升自主研发能力，通过研发运营一体化、研发安全运营一体等方式建立敏捷研发机制，同时探索打造双速IT开发模式。可构建连接生态合作伙伴的开放平台、全行统一的移动前台、业务与技术结合的中台及分布式后台，全面推动IT架构转型。可探索物联网、生物识别等新兴技术在具体业务场景中的应用。

（五）数据治理平台建设

可建立分布式大数据平台、数据应用云服务平台，建立统一的数据仓库、数据接口，不断夯实完善数据基础设施。可将大数据与云计算等技术结合，探索在资产管理、投资决策、流程优化等业务领域的应用，充分发挥大数据价值。

六、数字化合规

相较于传统的商业银行业务，科技驱动的创新业务结构设计更加复杂，技术风险、数据风险与网络风险相互交织，风险管控难度加大。创新技术驱动的业务模式一般具有庞大、复杂的信息流，在客观上提高了风险识别的难度。完善监管规则体系，加强监管科技应用和健全的创新管理机制是当前数字化科技创新环境下所急需提升的。

（一）完善监管规则体系

基于系统梳理与我国金融科技领域相关的监管规则，结合商业银行数字化转型趋势，在数据治理、技术应用、网络安全、开放API、业务外包等领域，逐步建立并完善数字化银行和金融科技监管规则体系。针对商业银行不同的业务条线、技术应用及合作机构的共性特征，明确商业银行在使用金融科技创新应用时的基本监管要求，为商业银行组织结构调整和产品服务创新划清规则底线。根据数字技术应用在业务中可能产生的风险特性，提出技术层面的监管要求。针对商业银行数字化转型在信息保护、业务连续、系统安全等方面的共性风险，从敏感信息全生命周期管理、信贷流程风控、软件和硬件安全系数等通用安全要求入手，明确不可逾越的安全红线。

（二）加强监管科技应用

借鉴国际化的监管科技理念，构建数字化监管模式，探索将科技驱动优势贯穿事前、事中、事后的银行业监管全链条，综合运用人工智能、大数据、云计算、区块链、物联网、应用程序接口(API)等科技手段，逐步实现并优化数字化翻译、数据实时化采集、风险智能化分析、结果自动化处置等功能，着力提升宏观审慎监管和微观行为监管的科技应用水平，使监管部门对商业银行数字化转型过程中各类金融创新真正做到"看得懂、穿得透、控得住、管得好"。在此过程中，可通过委托、采购服务等方式与相关行业协会合作，充分发挥行业协会在深化监管科技应用方面的配合支撑作用。

（三）健全创新管理机制

借鉴监管沙箱、创新中心和创新加速器等国际上的经验，进一步强化商业银行金融科技创新与合作模式的管理规范，划定商业银行数字化转型守正创新边界，确保其业务合规、技术安全、风险可控。在事前落实创新产品服务主体责任，界定好合作各方责任边界。在事中通过协同共治的方式及时发现创新产品服务与合作模式的风险隐患，杜绝存在安全隐患的产品上线，将风险隔离在银行系统之外，避免交叉传播。在事后强化监督惩戒，确保商业银行数字化转型不突破监管要求和法律法规，不引发系统性金融风险。

第五章

评估反馈：商业银行数字化转型评估框架与指引

　　基于数字化转型基础框架，通过对国内外商业银行数字化转型的实践，以及我国商业银行数字化转型的战略重点及实施路径的全面分析，可以看到银行业数字化转型已经进入快速发展阶段，以人工智能、区块链、云计算、5G等为代表的新一代信息技术正在加速重构银行的业务形态，为银行注入全新的发展活力，随之带来商业模式的变革和业务创新。与此同时，数字化转型进程中的决策支撑、绩效评价、内控合规管理愈发重要，为促进银行业高质量完成数字化转型的战略目标，本章提出了一套企业级的数字化转型评估体系和模型框架，可对数字化转型的价值进行有效且全面的评估和解读。

一、数字化转型的价值评估体系

（一）商业银行数字化转型价值评估体系分析

随着数字化转型研究的深入开展，部分研究咨询机构开始探索建立综合性指标体系，评估企业的数字化程度，主要涉及战略、组织、技术、渠道、人才等维度。比如，埃森哲构建了中国企业数字转型指数模型，将指标体系设为四级。一级指标包括智能化运营和数字化创新，二级指标包括数字渠道与营销、产品服务与创新、智能生产与制造、数字商业模式、智能支持与管控、数字创投与孵化，三级指标共有18个，四级指标共有52个。四级指标为数据采集项，分数为0～100，数据由上至下逐级加总平均，最终得到企业数字化转型指数总分，如图5-1所示。

国际数据公司(International Data Corporation，IDC)等发布全球数字银行就绪指数，包括IT支出、连接性、金融科技生态系统、监管情况和IDC整体评估五大类别，各类别细分共计25项指标，如表5-1所示。

数字渠道与营销
- 针对客户个性化需求实现精准营销
- 实现线上与线下全方位渠道建设
- 安全保护自身及客户的数据隐私

产品与服务创新
- 对现有产品服务进行数字化改造升级
- 开发智能产品或服务
- 基于客户个性化需求提供定制产品或服务

智能生产与制造
- 运用数字技术实现敏捷开发
- 基于数字平台的合作研发
- 实现智能制造与柔性供应链

数字商业模式
- 基于数字化平台的商业模式
- 开拓数据变现模式
- 数字商业模式的迭代改进

智能支持与管控
- 依据业务需要灵活调整职能部门结构
- 实现数据与业务流在各部门间的无缝衔接
- 搭建基于数据分析的决策体系与管控系统

数字创投与孵化
- 建立内部创投部门推动数字化新业务
- 建立机制鼓励内部创新与创业
- 和初创企业合作培育数字化技术

图5-1　埃森哲中国企业数字转型指数

　　针对不同行业数字化转型的需求，中国信息通信研究院云计算与大数据研究所推出了企业数字化转型IOMM(Enterprise Digital Infrastructure Operation Maturity Module)标准，其中I代表数字基础设施，是标准的第一部分；O代表企业整体经营，是标准的第二部分。

　　IOMM标准体系针对不同行业、不同规模企业制定面向平台IT和业务IT的五类成熟度，每个类别都对相应能力进行评估，定位水平，并以价值分数进行效果验证。适用于企业数字化转型发展过程中的相关领导者和相关人员，梳理、定位自身数字化转型能力水平，计划未来的发展方向。IOMM整体框架包括两大领域、四大象限、六大能力、六大价值，从能力和价值角度全面衡量企业数字基础设施建设的能力和价值。

表5-1　全球数字银行就绪指数评估框架

类别	评估指标	类别	评估指标
IT支出	平均每家银行的年IT支出	金融科技生态系统	金融科技公司持有存款的资产价值
	平均每家银行年IT支出的复合年均增长率		金融科技公司所做支付的交易价值
	平均每家银行的第三方平台技术支出		金融科技公司发放贷款的贷款价值
	平均每家银行第三方平台技术支出的复合年均增长率		2017年向金融技术公司发放的风险投资/私募股权基金总额
	平均每家银行的创新加速器技术支出		金融科技服务的总人口渗透率
	平均每家银行创新加速器技术支出的复合年均增长率		市场中的挑战者银行数量
连接性	网上银行渗透率		金融科技公司中的"独角兽"(按美元价值)总量
	移动银行渗透率		行业中的区块链/分布式账本项目总数
	移动支付渗透率	监管情况	对金融科技公司发展监管情况的评估
	P2P贷款渗透率		对开放式API发展监管情况的评估
	在网上完成的消费者银行交易占比/%		对分布式账本技术发展监管情况的评估
	在移动装置上完成的消费者银行交易占比/%		对云平台发展监管情况的评估
IDC整体评估	IDC金融洞察对地区数字化就绪的评估		

（二）商业银行数字化转型价值评估体系构建

基于文献梳理和访谈调研情况，本书构建了中国商业银行数字化能力成熟度模型，模型包括客户经营、内部运营、创新敏捷、数据能力、组织人才、生态合作六类领域及24项具体要素，将数字化能力成熟度总分设为5分，并根据商业银行自评估情况将数字化能力成熟度分为起步、探索、过渡、发展和领先五个阶段。

1. 客户经营数字化效能评估

1) 定义和内涵

数字化的目标就是客户关键旅程的数字化覆盖率。聚焦客户关键旅程维度，识别在客户关键旅程上存在的痛点，与供给侧关联的专业领域和职能功能区建立映射关系，对客户关键旅程的痛点进行对号入座，靶向治疗。银行通过对人工智能、大数据、云计算、区块链、物联网等新兴技术的应用，运用数字技术赋能客户经营场景，实现数字化转型。

2) 要素分析

客户经营数字化能力包括客户信息管理、客户数据洞见、客户服务和客户体验4个要素。具体要素及分析如表5-2所示。

表5-2　客户经营数字化要素分析表

重点领域	具体要素	要素分析
客户经营数字化	客户信息管理	构建统一、360度的客户管理视图，实现客户信息汇总；跨部门的客户信息管理，有效促进跨部门业务协同；业务场景的数字化驱动；产品体验做到以客户为中心
	客户数据洞见	提倡将营销做成服务，而不是打扰，尽可能地通过客户画像描述，让营销更精准。有效使用信息以生产出高价值的数据资产

重点领域	具体要素	要素分析
客户经营数字化	客户服务	基于对客户的行为预测，判断客户的潜在需求，这种主动、实时的、超预期的智能化服务能够有效提升客户满意度。此要素衡量银行的服务能力，包括服务体系和服务系统
	客户体验	能快速捕捉客户需求，做到精准反馈。此要素是最能直接体现出银行客户经营能力的指标

3) 具体评估体系

(1) 起步阶段。缺乏客户信息管理能力，无法做到全面的客户信息洞见；客户服务能力不足，客户体验不佳。

(2) 探索阶段。开始意识到客户信息管理的重要性；着手建立客户数据管理、客户关系分析系统；开始构建客户服务体系，完善客户旅程体验。

(3) 过渡阶段。基本具备客户数据管理、客户数据洞见、客户服务等体系和系统；客户信息管理和洞见已初见成效；客户体验反馈已有所改善。

(4) 发展阶段。已经具备全行级的客户信息管理系统。

(5) 领先阶段。可以全面地完成客户分群，优秀的客户画像生成，成熟的客户标签体系；拥有健全的客户体验系统，能为客户提供全流程的服务体验，比如良好的理赔服务、相关增值服务和权益服务。

2. 内部运营数字化效能评估

1) 定义和内涵

数字化运营是指通过数据化的工具、技术和方法，对运营过程中的各个环节进行科学的分析，为数据使用者提供专业、准确的行业数据解决方案，从而达到优化运营效果和效率、降低运营成本、提高效益的目的。

2) 要素分析

内部运营数字化主要包括数字化运营体系、数字化运营系统、数字化运营治理与数字化运营管理4个要素。具体要素及分析如表5-3所示。

表5-3　内部运营数字化要素分析表

重点领域	具体要素	要素分析
内部运营数字化	数字化运营体系	可借助人工智能技术打通银行内部业务流程的各个环节，替代前、中、后台链接中的人工处理过程，为客户提供"安全+无感"的用户体验，最终在银行内部建设一个迅速、一站式、智能化的运营体系。例如，当客户在网点完成预约、填单后，系统将客户的基本需求、风险偏好评估数据与内置的智能数据库结合，进行深度需求分析及智能服务推荐匹配，将个性化、定制化的解决方案同步至网点，帮助客户快速完成业务办理
	数字化运营系统	规模较大的银行可在全行统一部署下推进流程再造，中小银行可借助外力，按照"大中台、小前台"的思路，建立覆盖业务受理、渠道接入、环节分解、流程驱动的全行集中运营平台，实现覆盖公司业务、零售业务等多业务领域的任务管理、风险控制、异常处理、运行监控、应急处理等功能
	数字化运营治理	通过对数字化转型具体目标的定义(如操作流程优化、渠道融合、数字化工具使用)，来评估分析预测效率的提升效果并进行优化。例如智能语音识别、人脸识别提升录入效率。可量化预测的指标为操作时间长度、出单速度、理赔速度等
	数字化运营管理	借助数字化赋能，实现精准营销、智能风控、交易归因分析等精细化的运营管理工作

3) 具体评估体系

(1) 起步阶段。业务流程未实现自动化，内部管理决策流程冗长；线上与线下渠道融合机制难以理顺；风险管理系统陈旧，风控能力无法满足业务发展需求。

(2) 探索阶段。具备改善运营体系的意识，已认识风险管理的重要性；着手进行运营和风险管理改造。

(3) 过渡阶段。对数字化运营和风险管理拥有比较清晰的认知；已着手建立运营生态的组织和能力。

(4) 发展阶段。已建立较为完善的运营体系；达到全行级别风险管理标准。

(5) 领先阶段。能够有效利用科技技术实现业务运营效率提升。可利用数字化实现对于管理决策的支持。通过利用大数据分析重要风险并进行及时有效的监控；可以基于数据实现对客户的全面风险识别；可利用金融科技技术(如AI、自然语言分析、知识图谱等)实现对外部风险的提示。

3. 创新敏捷数字化效能评估

1) 定义和内涵

创新敏捷是指新技术从新思想和新概念开始，经过研究开发或技术组合，通过不断地解决各种问题，获得实际应用并产生经济社会价值的活动。创新敏捷打破条线割裂、层级森严的传统组织架构和业务流程，在稳定性与灵活性之间实现完美平衡。是否能实现创新敏捷，是衡量银行是否真正实现数字化，有能力在数字化的潮流中屹立不倒的重要指标。

2) 要素分析

创新敏捷包括IT研发投入、创新技术应用、传统架构转型和研发运维体系4个要素。具体要素及分析如表5-4所示。

表5-4 创新敏捷数字化要素分析表

重点领域	具体要素	要素分析
创新敏捷数字化	IT研发投入	包括机房建设和维护、服务器采购和维护、网点设备采购和维护、应用系统建设和维护、自建IT团队等投入及新兴技术投入等
	创新技术应用	通过推动人工智能、大数据、云计算、区块链等技术在商业银行业务场景的应用，提升银行服务质效的过程
	传统架构转型	银行从传统基于IOE(即IBM、Oracle和EMC)的中心化交易系统向新型的、更加安全可控的系统乃至分布式架构转变，提升运营效率，降低运营成本的过程
	研发运维体系	通过研发运营一体化等机制的应用，实现开发、测试、运维的深度融合，从而降低研发成本，提高研发效率，控制IT风险，提升软件产品的质量

3) 具体评估体系

(1) 起步阶段。缺乏IT研发能力，技术能力主要依靠外包；缺乏研发投入和技术创新的规划。

(2) 探索阶段。IT投入基本满足自身业务发展的需求；已组建行内科技团队，或已明确相关科技团队组建规划；意识到新兴技术对商业银行的重要性，并结合本行实际情况，积极开展探索布局。

(3) 过渡阶段。IT投入占营业收入的2%以上；有较为完善的行内科技力量，具备从上到下、结构相对合理的科技人才队伍；由于系统建设时间不同、采用技术架构不同等历史原因，行内各个业务系统相互割裂，尚缺乏统一的技术平台。

(4) 发展阶段。IT投入占营业收入的5%以上；行内各个业务系统进行平台化转型和打通，烟囱式相互割裂的情况已改变；尝试在部分系统中使用分布式架构或云计算技术；通过成立相关金融科技实验室等方式对人工智能、区块链等创新技术进行积极探索实验。

(5) 领先阶段。IT投入占营业收入的10%以上；结合业务实践，积极布局人工智能、区块链、物联网等新兴技术以推进业务创新，提升服务效率；成功应用分布式等方式实现银行架构的转型升级；改变传统瀑布式研发运营体系，应用研发运营一体化等敏捷研发体系。

4. 数据能力数字化效能评估

1) 定义和内涵

数据能力是指银行业金融机构通过建立组织架构，明确董事会、监事会、高级管理层及内设部门等职责要求，制定和实施系统化的制度、流程和方法，确保数据统一管理，高效运行，并在经营管理中充分发挥价值的重要指标。

2) 要素分析

数据能力包括数据治理架构、数据设施与平台、数据质量与标准和数据安全与隐私4个要素。具体要素及分析如表5-5所示。

表5-5 数据能力数字化要素分析表

重点领域	具体要素	要素分析
数据能力数字化	数据治理架构	数据治理相关组织架构健全，董事会、监事会、高级管理层和相关部门的职责分工相对明确，多层次、相互衔接的运行机制已具备
	数据设施与平台	支撑数据治理、数据运营的基础设施与平台，包括大数据平台系统等
	数据质量与标准	确立数据质量管理目标，建立控制机制，确保数据的真实性、准确性、连续性、完整性及及时性。建立覆盖全部数据的标准化规划，遵循统一的业务规范和技术标准
	数据安全与隐私	适应大数据时代需要，强化数据安全意识，依法合规采集数据，防止过度采集、滥用数据，依法保护客户隐私，建立数据安全、数据共享、应急预案问责机制和自我评估机制等

3）具体评估体系

（1）起步阶段。缺乏数据意识和治理规划；尚未掌握数据治理和运营的有效工具方法。

（2）探索阶段。开始意识到数据的重要性，对数据驱动的业务有所认知；着手建立数据治理的工具和平台。

（3）过渡阶段。基本具备数据收集、处理和应用的技术能力和组织保障；数据驱动业务及基于数据的精细化运营已在局部产生效果；尚未打通全行数据基础设施，无法及时充分地利用全行数据。

（4）发展阶段。已经具备全行级的数据治理和应用能力；积极引入有价值的外部数据源；着手建立数据治理机制和数据质量标准。

（5）领先阶段。已具有完善的数据基础设施和治理机制；对银行内部数据及外部数据建立了统一的数据质量标准；有明确的数据安全制度和隐私保护机制；在保障数据安全和客户隐私的情况下，通过数据驱动业务，充分挖掘数据资源的价值。

5. 组织人才数字化效能评估

1）定义和内涵

组织架构是数字化转型的核心骨架，是支撑转型落地的核心。银行是否有清晰的数字化组织架构定义与职责划分是关键评估指标。在内部协同方向，数字化转型是跨业务条线、跨业务部门的。未来的数字化发展将不会有明显的边界，协同发展将成为趋势和基础。数字化团队是否与市场、IT等其他部门及外部合作伙伴有机协同与合作，将成为协同发展的关键指标；科技人员和数字化人员比例是体现一个银行数字化能力的一个重要指标，同时相应的考核机制也是考核银行综合能力的关键指标。

2）要素分析

数字化组织人才评估体系主要包括组织架构、人员配备、领导力、文化建设与考核激励5个要素。具体要素及分析如表5-6所示。

表5-6　组织人才数字化要素分析表

重点领域	具体要素	要素分析
组织人才数字化	组织架构	为实现战略目标而形成的组织内部各部门、各层级间的决策权划分体系和各部门分工协作体系，本质是为实现战略目标而进行的分工与协作安排
	人员配备	对组织中全体人员的配置方案，包括招聘、选拔、评估、培训等一系列人力资源管理内容和环节
	领导力	银行领导者充分利用主、客观条件，帮助团队低成本、高效率地实现数字化专项战略目标的能力
	文化建设	包含价值观、行为准则、管理制度、道德风尚等内容的建立和培养，是企业精神财富的总和
	考核激励	通过良性竞争机制和科学制度的构建，提升管理水平和运营效率，本质是将企业管理思想科学化、系统化、工具化

3）具体评估体系

(1) 起步阶段。依然保留原有传统科层组织架构，层级多，公司文化缺乏创新；尚未形成调整组织架构的计划，未设置数字化考核机制；领导班子和从业人员均为内部晋升，缺乏数字人才。

(2) 探索阶段。开始筹备数字银行等部门或小组，统筹数字化转型工作，厘清各部门之间的分工职责；各业务部门根据自己的发展需求，探索将金融科技应用到业务场景中；企业文化逐渐开放化，创新驱动导向开始显现，组织架构逐渐扁平化。

(3) 过渡阶段。组织架构开始有实质性调整，为了配合技术和业务沟通协调建立敏捷组织；开放包容的企业文化较为明显，跨部门协作较为方便；开始筹备金融科技部门、子公司或联合实验室。

(4) 发展阶段。敏捷组织成为常态化，跨部门协作顺畅，实现了快速迭代和创新；形成专门的数字人才团队，绩效和薪酬体系改革也相应变化；数字化转型作为核心战略列入顶层设计。

(5) 领先阶段。组织架构、考核体系、人员配备、领导力等完全顺应数字化时代要求；银行数字化组织文化吸引业界学习模仿，成为行业标杆；领导决策方式注重数据驱动。

6. 生态合作数字化效能评估

1) 定义和内涵

生态合作是指充分整合自身能力与外部合作伙伴的产品、服务、渠道等，实现金融服务与非金融要素的有机融合，建立多方参与、互利共赢的开放生态的过程。

2) 要素分析

生态合作包括生态合作创新、生态关系和运营、生态风险管理3个要素。具体要素及分析如表5-7所示。

表5-7 生态合作数字化要素分析表

重点领域	具体要素	要素分析
生态合作数字化	生态合作创新	包括银行跨界合作、联合创新实验室、金融科技联盟等业务模式或合作方式
	生态关系和运营	参与生态合作的各方相互促进、共同维护生态利益的动态过程，目的是实现各方共生共赢，促进生态合作健康可持续发展
	生态风险管理	通过建立风险应对和管理机制，防范和处理生态合作中可能出现的舆论、业务、技术和数据等相关风险的过程

3) 具体评估体系

(1) 起步阶段。专注于自有业务，尚未开展对外合作；尚未意识到开展生态合作的价值，也没有形成相关的战略规划。

(2) 探索阶段。已经意识到生态的潜在价值；结合本行实际情况，探索如何建立生态合作并产生实际价值。

(3) 过渡阶段。对生态价值拥有比较清晰的认知；已与第三方公司建立合作伙伴关系，在技术、渠道等领域尝试展开合作；已着手建立运营生态的组织和能力。

(4) 发展阶段。已建立较为完善的多元化生态体系；能有效维护已有的合作伙伴关系；已尝试在生态体系的基础上建立适合本行的新商业模式。

(5) 领先阶段。已成功运用银行跨界合作等新型商业模式充分获取生态价值；拥有体系化、多元化、全方位的合作伙伴关系，且能有效维护关系；建立清晰的生态运营机制，能有效管理生态风险，并对潜在风险设有应急预案。

二、数字化转型效能提升指引

数字化转型是所有银行的新赛道，其也对赛道上的各位选手提出了新的要求。前文已从客户经营、数字化渠道与生态、数字化产品创新、数字化运营、数字化风控、数字化合规六大方面为商业银行数字化转型规划了战略重点与实施路径。但是商业银行数字化转型发展之路仍然需要在逐渐探索中不断发展，以下将根据评估体系架构的六大方向为商业银行数字化转型未来的发展提升提供指引与建议。

（一）建设数字化转型产品多元化能力

商业银行数字化转型首先对产品的模块化提出了要求，只有这样才能实现随需、随时调用银行金融产品服务的效果。在模块化的基础上，需进行产品的创新以实现可持续的竞争力，并构建一套灵活、成熟的产品体系，最终深化融入变化多端的复杂生态场景之中，为客户提供综合服务。这一过程就对产品模块化能力、产品创新能力、产品体系搭建能力依次提出了要求。

1. 产品模块化能力

在跨业态场景合作模式中，银行将产品拆分成多个模块，按需以插件式对接满足各合作方的需求，以快速创新产品适应场景趋势的变化。

银行构建产品模块化能力，首先应完善行内研发技术和管理标准，保障模块之间的简化与统一。其次，应注重金融产品结构的合理性，实现模块之间高内聚低耦合，通过组合产品模块迅速形成解决方案，满足客户的弹性需求。最后，通过API或SDK技术输出，对系统平台进行重构设计，提升产品模块封装的完整度。

2. 产品创新能力

结合商业银行数字化转型的特点，数字化产品的创新能力也是银行快速应对生态变化趋势的核心武器。

首先是需要相关管理机构作为明确的责任主体。既包括管理职能部门对不同金融产品创新进行统一组织、推动和协调，也包括审议机构进行决策、资源分配和监督。其次是银行构建产品敏捷研发流程管理。在机构及其责任明确的基础上，银行内部应做到快速信息传导，需保障客户金融需求的特性与信息能够快速、准确地传输到产品研发团队。在产品发布后，要进行跟踪和分析，与合作伙伴一起对新产品的盈利能力、客户反馈、市场份额、市场认知度等方面进行评价分析，为产品的完善和改进提供可靠的依据。

3. 产品体系搭建能力

银行通过模块化技术设计手段，支撑灵活敏捷创新服务来进一步丰富金融产品种类，其最终目的是构建一套完整的线上化产品体系能力，来满足不同场景下客户的差异化需求。

产品体系的搭建应该满足简洁性、关联性、以客户为中心等要求。简洁性指的是产品体系简洁明确，以优化线上场景中的客户体验；关联性要求产品体系设计应当考虑各产品之间在特定场景中交叉营销的空间；以客户为中心要求银行扩充产品体系划分维度，充分考虑行业、场景等多种因素，由产品为中心转型为以客户为中心，重点突出围绕客户关心的产品因素来合理有效地设计产品。

（二）完善数字化转型核心数据保障

数据是保障商业银行数字化转型顺畅运转所需的血液，是转型过程中流转的核心基础资产。以下围绕数据的收集、存储与治理、分析和安全能力展开。

1. 数据收集能力

在数字化转型的过程中，商业银行需要明确目标价值数据的方向与范围，有选择、有针对性地收集特定场景下用户需求分析与产品设计所需的基础数据。

(1) 建立共性数据接口标准。银行面对内外部多种场景数据壁垒，应清晰定义所需各项数据的字段概念，与各系统达成统一归纳与整合，才能以最低的成本获取最优的数据质量。

(2) 扩大数据收集范围与深度。银行打通行内各系统数据屏障，评估自身已有数据的可利用价值，迎合数字化转型各个场景的迭代更新，按需有针对性地选择场景，扩大数据的采集范围。根据数字化转型场景的不同，不同数据维度影响客户黏性的权重不一，应将数据收集纵向下沉，不只是浅层次围绕客户本身进行数据挖掘与收集。

2. 数据存储与数据治理能力

在数字化转型的过程中，银行与各合作方在场景中通过业务交互，经常会出现冗杂、不规则或无价值的"废数据"井喷式增长。银行需提升数据存储的扩容能力，有能力将未加处理的数据一并先行纳入，再进一步通过数据治理，从多维度协同验证数据的有效性。

(1) 数据存储应具备价值辨识能力。贴合银行数字化转型中的实际发展需求，通过制定一系列数据筛选标准，初步在存储前端区分价值数据与"废数据"，并合理分类，分步加工处理，在一定程度上减轻银行的内部数据治理成本压力。

(2) 构建和完善数据治理体系机制。制定有效的数据管理机制，统一全行数据标准，整合碎片化数据，从源头与各交互方规范数据交互机制，引导数字化生态中多方机构的数据关联性梳理工作，设定统一取数规则与数据含义和定义。

3. 数据分析能力

数据分析是通过存量价值数据来建立对未来业务的发展洞察与预判。

(1) 结合不同的场景特性，构建全生态的数据分析模型。银行应构建不同数据因子权重的分析模型来支持实时的快速调整，不再只是单一地分析客群价值和需求或是用于支撑风控能力的完善，而是提升至整个跨业态场景高度的生态趋势转型方向。

(2) 加强数据分析的应用管控与规划管理。优化提升银行各业务领域的数据分析与业务实际服务能力评估的契合度、成熟度与覆盖度，形成对差异化数据分析结果的规范管控。

4. 数据安全能力

数据安全是数字化转型过程中银行内部或与外部机构之间信息

传输与共享的安全体系构建的重要环节。

（1）强化数据泄露风险底线思维。在推进数字化转型的过程中，由于各服务提供方、交易方接入金融系统，数据共享的范围大幅提高，数据泄露的风险也在同步加大。银行与合作方之间大量的数据、接口，要从模式设计、研发、部署、运维等方面全阶段、全流程地进行安全管控，明确服务部署、接口设计、安全防范、信息保护、风险控制等技术要求，尽量确保不发生系统风险。

（2）规范用户权限与数据使用范围。通过对系统功能权限管控与设置，有效区分银行生产数据与测试数据，分区、分模块地管理与取用，规范取数流程与标明数据使用用途。

（3）全面建立数据安全机制。在强监管要求的背景下，数据传输、网络安全、客户个人隐私保密等方面应有明确要求，需要推行一系列措施来提升数据使用的安全性。在跨业态合作中，银行明确各方安全要求机制统一构建，例如风险应急响应机制、接口退出机制、风险补偿机制和客户利益保护机制等。

（三）提升数字化转型风险保障

风控能力是数字化转型过程中银行业机构行稳致远的关键所在。银行机构通过构建线上风控平台模型，以数字化技术将风险管理规范与措施条例融合在线上化体系中，快速敏捷响应，实现差异化竞争优势，也有利于对跨业态、多场景下的不同风险因子进行有针对性的平衡与把控。

1. 风险模型能力

在数字化转型的过程中，银行机构应打造智能化风险管理大数据应用链，将多重场景闭环形成链式全线上风控，将信用、操作、监测等统一进行风险量化并纳入云管理，将在跨业态合作的复杂场景下应对可能出现的欺诈风险、信用风险、交叉性金融风险等能力全面升级，最终形成符合监管规定的、完整的风控能力。

首先，在各个既定的场景合作模式下，银行机构应当形成统一的风控决策标准。通过打通各风险模型的数据隔断，共享统一标准的风险量化数据指标。其次，增强风险管控识别能力与模型构建。银行应持续强化人工智能与机器学习技术应用，通过海量数据高频次地打磨模型的识别风险能力，持续优化与合作机构风控模型的对接与协同响应的时间。风控模型搭建还应充分运用云端大数据处理能力，发挥其迭代成本低、扩展性好的优势，有效降低数据抽取和加工处理时间，缩短风控模型开发与迭代更新的时长。最后，在数字化转型的过程中，银行应体现自身风控的独立性。以符合监管要求为前提，银行不应受外界合作机构的主导或引导的影响一味追求数字化业务模式的盲目扩张。

2. 风险管理能力

风险管理的能力提升将是未来银行机构在数字化转型过程中寻求差异化优势的决定因素之一，也是金融与科技未来跨业态的重要融合领域。

(1) 构建智能化、精细化的全链条风险管理体系。银行应以创新技术为驱动，依托逐步趋于成熟的风控核心模型，实现经营智能决策，有效转化数字信息，实现对商业银行风控体系的自动化与差异化评估管理。

（2）实现穿透性风险甄别与管理。业务场景是本质，金融科技创新仅是催化剂。在数字化转型的过程中，各类创新提升了不同场景下的金融服务效率，在有效平衡金融创新与风控之间关系的同时，应着重评估各合作方提供的业务场景的产业链式风险，避免引发系统性风险。一方面要加强风险责任机制建设，对全流程业务进行细化分解和规则梳理，明确各方风险管理的标准规范；另一方面要强化人才储备建设，吸纳精于前沿技术又懂业务趋势发展的综合性复合型人才。

（四）敏捷数字化管理运营能力

在数字化转型的过程中，为了更快捕捉丰富且多变的客户需求、应对不同场景业态，对商业银行敏捷组织的产品迭代、风控能力及技术研发的时效性有非常高的要求。敏捷组织的构建在近期可聚焦于模块化的组织单元，即以敏捷小组的形式快速响应，同时需长期构建整体层面的柔性组织，提升响应效率。

一方面应当形成敏捷团队小组，组建跨职能团队。模块化敏捷团队指的是突破传统的竖井式组织架构，组建包括产品经理、客户经理、风控经理、运营经理、科技经理等端到端的跨职能团队，以满足在场景合作的过程中挖掘出的客户需求。敏捷小组应将人员即插即用，满足效率要求。另一方面应当为敏捷小组配套相应的管理支撑机制，如顺畅的沟通机制、有效的绩效激励、通畅的职业路径、内部与市场双重计价等。

（五）夯实数字化转型基础支撑

1. 搭建政产学研用多方合作平台

商业银行数字化转型是一项长期的系统性工程，需要银行业金融机构、包括金融科技公司在内的第三方技术服务商、监管机构、行业协会等多方沟通、共同推进。应利用相关行业协会贴近市场和资源整合优势，汇聚商业银行数字化转型领域政、产、学、研、用多方力量，建立技术研发与应用联盟，引导多方合作建设生态圈，促进金融科技创新成果及时转化和共享，共同解决商业银行数字化转型面临的共性技术难题、业务痛点和机制障碍。

2. 推进数字化转型标准化工作

发挥行业协会团体标准先行先试的优势，按照"共性先立、急用先行"原则，以金融风险防范、金融消费者保护等为切入点，将商业银行数字化转型的最佳实践标准化，研究发布商业银行数字化转型的规则指引，加快制定人工智能、大数据、云计算、区块链等在金融业应用的技术标准，完善数字化服务、产品创新、外包合作等方面的业务规范。在团体标准实践成熟领域、底线型金融安全领域、涉及金融消费者基本权益领域，积极研究制定满足市场和创新需要的国家及金融行业标准，为商业银行数字化转型和金融科技创新提供更高层级、规范统一的标准支撑。

3.强化金融消费者权益保护

建立健全适应数字化转型和金融科技发展的金融消费者权益保护机制，规范和引导商业银行提供金融科技产品和数字化服务，及时查处侵害金融消费者合法权益的不当行为。引导商业银行将金融消费者保护融入数字化转型战略，研究制定先行赔付、保险补偿等金融消费者保护措施，从源头保护好金融消费者的财产安全、信息安全、数据安全。引导和督促商业银行切实履行金融消费者保护职责，通过信息披露、风险提示等方式，避免数字化转型和金融科技创新的风险成本向金融消费者不合理转嫁。

（六）加强数字化合规内控监管

监管机构对创新合作模式的监管是宽严相济的，一方面快速出台了基础管理办法，另一方面也在持续优化监管方法。如《商业银行互联网贷款管理暂行办法》对商业银行跨业态合作模式的设计和操作进行了明确引导。同时在过渡期内，监管也将持续关注行业变化，在操作规范领域不断完善制度办法，不断适应新的金融创新发展要求。商业银行应及时将外规内化，嵌入内控节点中，规避合规风险。

三、商业银行数字化转型趋势展望

当前，社会和经济发展运行的方式正在发生深刻变革，数字经济成为继农业经济、工业经济后的新经济特征，已深刻融入国民经济各领域，成为把握新一轮科技革命窗口机遇的战略选择。党中央、国务院高度重视发展数字经济，前后出台实施"互联网+"行动和大数据战略等一系列重要举措，加快数字产业化、产业数字化发展，推动经济社会数字化转型。为紧跟数字化发展趋势，金融行业正在积极开展数字化转型升级，唯有创新求变、主动进行数字化转型方能抵御竞争，崛起于数字化时代。

消费数字金融百花齐放，各方构建多场景、多渠道、多领域的共赢生态。互联网经济重塑了消费生态，消费数字金融逐步向新零售数字化演进，消费者的数据价值将反哺生产、渠道、销售、运营全场景。金融机构纷纷投入零售业务数字化建设路径落实的工作中，探寻利用人工智能、大数据、云平台等新兴技术，以客户旅程为周期，以全效赋能获客、活客及留客的业务经营需求之道。其中的重点是渠道建设，各机构从渠道自建开始着力，逐步完善渠道功能，在满足客户线上化操作需求的基础上，积极与异业平台进行对接，通过"金融+X"模式实现网上获客，共筑共赢流量池。

产业数字金融方兴未艾，各方数字化、平台化、生态化"三化"并举，共探破局之法。在宏观经济和金融体系环境的影响下，产业金融迅速崛起。在"双循环"新发展格局下，稳产业金融成为我国经济发展的重要基石。在数字中国战略方针的指引下，产业数字金融是我国现代金融在服务产业需求端全新的发展方向。机构应承接金融数字化转型浪潮，乘势而上，探索数字化的深层次内涵，积极发展智慧科技，融入产业数字金融生态，实现产业金融破局。

一段时间以来，消费互联网在我国蓬勃发展。消费互联网主要以个人消费者为用户，以日常生活为应用场景，为衣食住行、社交娱乐等方面提供服务。随着市场竞争日趋白热化，消费互联网人口红利和流量优势增长乏力，面向B端的产业互联网成为发展新基调。顺应发展趋势，商业银行铺展形成了零售银行、公司银行、交易银行的业务布局。在零售银行方面，围绕客户全生命周期管理，借助新兴技术，实现营销、运营、管理能力的全面提升，延展C端；在公司银行方面，以"价值+风险"的综合视角重新审视其客群结构、业务模式、服务方式，强化B端优势；同时，构建以"产品创新"与"圈链生态"为关键词的交易银行模式，通过对战略方向、部门架构、业务品牌、渠道建设、客群定位、营销机制、风控体系等多维度的整合与调整，实现银行B端客户与C端客户的黏着与贯穿。

展望未来，随着经济数字化程度的加深和客户对敏捷、个性化服务的要求，银行将在形态、客户服务等方面呈现出显著区别于传统银行的特质。其中银行形态的变化，即从银行网点到"生态中情景体验式金融服务提供商"，要求银行突破传统的闭环生态，积极寻求数字化的转型。未来的银行在形态、客户、科技三个层面将呈现出新的面貌，构成未来银行区别于传统银行的三大特质。

一是形态重塑。未来的银行将跳出以网点为代表的载体，向外向型生态孵化。《银行4.0》中将"提供无摩擦和无所不在的嵌入式服务"作为银行发展的终极目标，而这就意味着银行将以生态中情景体验式金融服务提供商的形态存在。

二是咨询化、情感化的客户服务。从需求端来看，随着"Z世代""千禧一代"逐步成为银行的目标客群，金融需求呈现个性化、情感化的特点。作为互联网的活跃用户，他们有着更加鲜明的个性；与此同时，他们在社会老龄化的社会进程之下，承担着更大的老人和子女赡养、房贷等金融压力和焦虑。面向此类客群，未来银行更应该像咨询师一样，基于对客户的细分和对客户需求的洞察，以客户旅程为基石，为其提供恰如其分的咨询建议，实现与目标人群深度的情感关联。

三是以科技为首要驱动力。金融行业往往与社会整体的科技进步和数字化迭代演进同频共振。未来经济数字化程度加深是必然趋势，而数字化经济具有不确定性和不断迭代演进的特征。在此背景下，唯有科技水平过硬的银行才能把握数字经济的复杂性，实现对银行安身立命之本，即风险控制的真正把控。除此之外，科技还可以较大地提升员工效能、优化用户体验，为银行带来额外的竞争优势。

未来银行的业务形态也将区别于传统运营模式下的业务，由开放合作而呈现独有特点。一是业务平台化，银行以客户为中心将业务平台化，基于开放技术搭建开放平台，整合多方产品和服务于同一平台，打通银行、合作方和客户之间的闭环，形成金融、场景和客户相融合的业务新模式；二是服务体验无痕化、无边界化，银行业务将突破现有边界持续延伸，以各种形式出现在每个客户触点，金融业务和非金融业务互相深度渗透，高度融合，使客户体验到全方位、一体化的产品服务方案；三是产品服务个性化，基于客户的不同偏好和诉求，以个性化定制的产品服务取代传统、大众的产品服务，通过提高客户体验增加客户黏性，加强银行的竞争优势。

（一）发展开放合作模式，建立合作实现共赢

数字化生态合作是银行未来数字化转型的发展趋势，结合数字化技术推动金融行业的转型与发展。银行通过打破自身的闭环结构，采取开放、合作的运营模式，与合作方进行全方位的合作和对接，改变传统的独立垂直模式，共同延伸服务范围并提高获客和服务能力，全面提升竞争力应对外部冲击，与合作方实现多赢和共生的价值。

1. 客户需求变化打破银行生态闭环

客户是所有服务行业的中心，银行作为金融服务业的排头兵，应以客户需求为导向。在数字化时代，客户的行为习惯和消费习惯不断发生变化，不再满足于银行传统的垂直、独立的产品服务体系，转而需求融合金融与非金融服务的综合化解决方案。这一需求变化促使银行改变传统结构和体系，打破自身闭环，通过跨业态合作的方式，对产品和服务进行创新，为自身金融产品附加非金融价值，响应客户的需求变化，增加产品和银行的竞争力。

2. 技术创新发展助力银行场景构建

金融科技是推动银行进行变革转型的助推器，引领银行克服技

术障碍构建新场景。银行通过技术进步实现端口的开放，与外界机构进行合作，对外探索并与各行业开展合作业务，建立合作伙伴关系，共同构建新场景，发展新业务。开放合作也是技术发展的自然衍生结果，大数据分析、人工智能和区块链等技术对数据和能力方面有更高要求，银行因自身资源限制和能力短板等因素难以单独实现对高新技术在现实中的应用，迫使银行改变封闭结构寻求合作构景，通过合作实现对高新技术的应用，持续深化数字化转型。

3. 开放合作模式实现银行间共赢

开放合作的运营模式是未来银行发展的趋势，所有金融机构及非金融机构都可以借助开放合作的新模式实现多赢和共生价值。银行应积极布局开放合作的新模式，采取交流与共享的姿态，探索新模式的发展道路和运营模式，在符合监管要求的前提下，主动发掘新模式的优势和价值，在渠道、客户、业务、数据和技术等方面交流合作，建立新赛道中的竞争优势，共同迎接未来的趋势和挑战。

（二）融入数字化场景，形成全新生态圈

银行通过数字化技术建立场景，延伸银行的业务范围，获取更多流量资源，帮助银行突破自身的资源限制，为客户提供更优化的服务体验。银行发展跨业态需要以多种合作方式、与不同合作方发展合作，对场景持续进行延伸拓展，丰富自身在不同场景下的服务能力，形成多维度、多层次的场景生态服务体系，提升银行在未来竞争中的竞争力。

1. 场景化贴合客户，满足客户需求

面对客户需求的前线是场景，通过对场景的设计，银行可以为客户提供场景化服务，将金融和非金融产品结合在同一场景内，满足客户在该场景下的所有需求。银行应当在各个场景中利用科技技术对客户需求进行剖析，并针对不同的目标客群设计相对应的金融产品，形成差异化的多方合作诉求和能力输出，精细化满足客户需求，提供最高品质的客户体验。场景在未来会成为吸引客户的关键要素，银行需要尽早构建场景，通过场景贴合客户，提供更便捷、优质的服务体验，提升客户对于品牌的黏性，维持银行与客户间的长期关系，应对未来的竞争。

2. 多样化开放合作，提升服务能力

数字化生态合作存在多种合作形式，通过与金融机构、非金融机构或政府合作，在渠道、客户、业务、数据和技术等方面共同突破创新。借助数字化生态合作，银行可以实现多渠道覆盖增加客户触点、多细分市场深度渗透、精准描绘客户画像、利用大数据技术准确识别客户需求和实时风险预警等多个方面的能力提升。以数字化生态形式的多样化对应客户需求的多样化，有助于进一步优化客户体验，同时也是对生态圈合作各参与方提出的能力要求。

3. 创新化金融服务，构建生态圈

数字化生态合作的最终目标是构建生态圈，逐步实现在生态圈内满足客户的所有需求。生态圈是深层次跨业态合作的表现，也是

全方位数字化合作的演变结果。所有金融与非金融机构都是生态圈内的供应商，供应商之间应进行资源和能力共享，互相补足，突破各方的限制，打造完整的生态圈体系。

（三）深化数字化转型，稳步构建开放服务生态

在发展数字化转型的过程中，深层次数字化合作将在横向与纵向两个方面不断延伸发展，横向延伸跨行业合作的覆盖面，纵向提升合作深度，逐步形成全方位的数字化生态合作，布局未来银行竞争格局。

1. 横向延伸场景覆盖面

在横向层面，合作将持续进行场景延伸，扩大场景的覆盖面，覆盖客户所有可能的消费场景。持续场景延伸的基础条件是发展大量合作关系，持续寻找新的合作方，探索未开发领域，构建新场景，提升跨业态合作的范围广度。未来的跨业态合作将推动一对一合作向链与链和网与网合作发展，进一步加速跨业态合作场景的广泛覆盖。跨业态合作的广度提升有助于为客户提供全方位的产品和服务，为客户衣食住行的多样化需求提供一站式解决方案，全面满足客户需求，以此加强对客户的吸引力，为银行创造更多效益。

2. 纵向深耕合作深度

在纵向层面，数字化生态将持续深化合作程度，丰富合作内容，对已有场景进行融合叠加，推动跨业态合作的模式升级，向复

杂化和精细化发展，逐步完成生态体系的构建。多场景叠加的跨业态合作可以满足客户多方面的金融与非金融需求，解决由简单到复杂各种不同层次的需求，同时处理客户产生的连带需求，为客户提供一体化的服务体验。基于完整的客户需求分析，有选择性和针对性地将金融和非金融业务进行结合，同时借助敏捷组织能力应对客户的突发需求，提升客户黏性，为银行创造长期持久的效益。

3. 加强与原生需求和实体场景融合，构建集成服务生态

金融生态圈未来应该会更加融合，单一机构或业态"包办服务"的情况越来越少，更多的供给侧服务提供的是多方集成的服务，服务提供者包括平台方、渠道商、金融机构、科技厂家等多方主体，进而形成独特的供给链或生态圈，为客户提供定制、专属的服务。在金融场景化的趋势下，商业银行将通过深入生态圈建设，主动寻找有交叉销售场景的机会，提供"金融+科技+基础设施"类服务。银行服务模式不再是基于过去单个金融产品的销售，转而嵌入到零售客户的日常生活、企业客户的生产经营的全产业链中，对银行用户来说，金融服务可能逐渐"无界、无感"，服务实时，交易无痕。

参考文献

[1] 波士顿咨询公司，陆金所. 全球数字财富管理报告(2019—2020)[R]. 北京，2019.

[2] 陈信健. 践行ESG理念推动银行高质量发展[J]. 中国金融，2020(18)：67-68.

[3] 德勤. 数字时代银行的转型与重塑[R]. 上海，2016.

[4] 郭为民. 金融科技与未来银行[J]. 中国金融，2017(17)：3.

[5] 兰春玉，叶似剑. 商业银行数字化转型的国际经验及启示[J]. 银行家，2021(11)：91-93.

[6] 刘绪光. 数字账户、平台科技与金融基础设施[M]. 北京：中国金融出版社，2022.

[7] 杨农，刘绪光，李跃，等. 金融数据资产：账户、估值与治理[M]. 北京：中国金融出版社，2022.

[8] 刘绪光，李根. 探索数字供应链金融发展模式[J]. 中国金融，2022(11):89-90.

[9] 杨农. 数字经济下数据要素市场化配置研究[J]. 当代金融家，2021(4):118-120.

[10] 刘春航. 积极稳妥实施银行业保险业数字化转型战略[J]. 中国银行业，2021(11).

[11] 刘兴赛. 平台银行：未来银行的实现形态[M]. 北京：中信出版社，2021.

[12] 刘绪光，李根，田镧沁. 金融监管沙箱的国际实践比较与效果评估——基于制度均衡的分析视角[J]. 清华金融评论，2020(2)：96-98.

[13] 刘绪光，邬肖玢，季诚诚. 基于差异化核心能力视角的商业银行跨业态合作研究[J]. 清华金融评论，2021(04)：93-96.

[14] 刘绪光，肖翔. 金融科技影响金融市场的路径、方式及应对策略[J]. 金融发展研究，2019(12)：79-82.

[15] 刘绪光，郑旭，方晓月. 数据资产、数字账户与数据交易流转机制[J]. 银行家，2020(11)：111-114.

[16] 刘绪光. 金融科技发展带来的挑战与监管应对[J]. 学习时报，2018.04.

[17] 刘绪光. 科技驱动下金融中介的边界与价值[J]. 银行家，2019(10)：120-122.

[18] 刘银行. 数字化进程中商业银行全渠道协同策略研究[J]. 现代金融导刊，2021(07)：52-56.

[19] 陆书春. 从"开放银行"崛起看商业银行数字化转型[J]. 当代金融家，2020(04)：43-46.

[20] 毛群，刘艳妮. 商业银行数字运营体系构建的思考与实践[J].

现代金融导刊，2021(5)：6.

[21] 倪以理，曲向军等. 后疫情时代银行业：开启全速数字化经营[J]. 新金融，2020(05)：11-16.

[22] 潘小明，屈军. 金融服务需求模式演变与商业银行渠道管理[J]. 南方金融，2019(01)：82-91.

[23] 邱晗，黄益平，纪洋. 金融科技对传统银行行为的影响——基于互联网理财的视角[J]. 金融研究，2018(11)：17-29.

[24] 宋晓晨，张明裕. 银行供应链金融业务的数字化转型方案探析[J]. 金融科技时代，2021，29(09)：25-30.

[25] 王炯. 商业银行的数字化转型[J]. 中国金融，2018(22)：3.

[26] 杨农，刘绪光. 对网络平台垄断问题的认识[J]. 中国金融，2021(18)：51-52.

[27] 杨农. 商业银行数字化转型的战略选择[J]. 金融电子化，2019(12)：15-17.

[28] 中国互联网金融协会互联网银行专业委员会. 开放银行发展研究报告(2019)[R]. 北京：中国互联网金融协会，2019.

[29] 中国互联网金融协会金融科技发展与研究专业委员会、瞭望智库联合调研组. 中国商业银行数字化转型调查研究报告[R]. 北京：中国互联网金融协会，2019.

[30] 中国银行业协会行业发展研究委员会. 2021年中国银行业发展报告[M]. 北京：中国金融出版社，2022.

[31] 周邦瑶，黄绘峰. 银行业数字化转型的国际经验和国内契机分析[J]. 中国市场，2016(50)：3.

[32] 朱太辉，龚谨，张夏明. 助贷业务的运作模式、潜在风险

和监管演变研究[J]. 金融监管研究，2019(11)：50-67.

[33] Financial Stability Board. FinTech and market structure in financial services:Market developments and potential financial stability implications [R]. Basel，2019.

[34] Itay Goldstein，Wei Jiang，G Andrew Karolyi. To FinTech and Beyond[J]. The Review of Financial Studies，2019，32(5).

[35] Berger A N. The Economic Effects of Technological Progress：Evidence from the Banking Industry[J]. Journal of Money Credit & Banking，2003，35(2):141-176.